A. Luksch

Gefährdungsbeurteilung richtig machen

Schnelleinstieg in eine zentrale Aufgabe des Arbeitsschutzes

2., aktualisierte Auflage

W0172323

A. Luksch

Gefährdungs- beurteilung richtig machen

Schnelleinstieg in eine zentrale Aufgabe des Arbeitsschutzes

2., aktualisierte Auflage

Bibliografische Informationen der Deutschen Bibliothek

Die Deutsche Nationalbibliothek verzeichnet diese Publikation in der
Deutschen Nationalbibliografie; detaillierte bibliografische Daten sind im Internet
über <http://dnb.dnb.de> abrufbar.

Bei der Herstellung des Werkes haben wir uns zukunftsbewusst für umweltverträgliche und
wiederverwertbare Materialien entschieden. Der Inhalt ist auf chlorfreiem Papier gedruckt.

ISBN 978-3-609-61957-6

E-Mail: kundenservice@ecomed-storck.de

Telefon: +49 89/2183-7922
Telefax: +49 89/2183-7620

© 2016 ecomed SICHERHEIT, eine Marke der ecomed-Storck GmbH,
Landsberg am Lech

www.ecomed-storck.de

Druck: Kessler Druck + Medien, 86399 Bobingen

Inhalt

Inhalt

Vorwort

Mit dem Inkrafttreten des Arbeitsschutzgesetzes (ArbSchG) im August 1996 ist jeder Arbeitgeber gesetzlich verpflichtet, alle Maßnahmen des Arbeitsschutzes zu treffen, die die Sicherheit und die Gesundheit der Beschäftigten in seinem Betrieb bei der Arbeit beeinflussen.

Damit ist der Arbeitsschutz zu einer gesetzlichen Schutzaufgabe geworden.

Arbeitssicherheit ist dem Arbeitnehmer arbeitsvertraglich geschuldet!

Die auf der Grundlage des Arbeitsschutzgesetzes erlassenen Vorschriften, Verordnungen, Regeln, Grundsätze und Informationen sind die konkretisierten Hilfestellungen (Mindestanforderungen) zur Umsetzung des Arbeitsschutzgesetzes. Diese **Regelwerke** sind nur sinnvoll, wenn sie konsequent beachtet und umgesetzt werden. Es ist daher unumgänglich, die Umsetzung dieser Regelwerke kontinuierlich zu kontrollieren und dem Stand der Technik, den arbeitswissenschaftlichen/-medizinischen Erkenntnissen und den aktuellen Gesetzes-/Vorschriftenänderungen anzupassen.

Die Kontrolle auf Einhaltung, Umsetzung und Beachtung der Regelwerke im Arbeitsschutz ist primär die Aufgabe und Verantwortung des Arbeitgebers und der betrieblichen Führungskräfte und bedarf der internen **Organisation und Dokumentation** und wird **sekundär,** in unterstützender Beratungsfunktion, durch die Fachkraft für Arbeitssicherheit auf Betriebsebene und durch die öffentlich-rechtlichen Aufsichten übergeordnet wahrgenommen.

Arbeitsschutz ist Führungsaufgabe!

Führungskräfte *ohne* Verantwortung gibt es nicht!

Wer es ablehnt, Verantwortung zu tragen und eigenverantwortlich zu entscheiden, kann nicht Führungskraft sein.

Von zentraler Bedeutung für die Dokumentation aller auftretender Gefährdungstätigkeiten für die Beschäftigten in einem Betrieb und der daraus abgeleiteten Schutzmaßnahmen ist die Gefährdungsbeurteilung.

Mit dieser Handlungshilfe wird der Aufbau einer praxisgerechten Gefährdungsbeurteilung vorgestellt. Die angebotenen Handlungshilfen, Ausarbeitungen, Interpretationen/Empfehlungen stützen sich ausschließlich auf die staatlichen und berufsgenossenschaftlichen Gesetze, Vorschriften und Regeln und geben deren Inhalte wieder. Sie sind mit Sorgfalt und nach bestem Wissen recherchiert und ausgearbeitet und geben den Sachverhalt insoweit wieder, um eine praktische Grundlage zur Dokumentation zu schaffen. Sie erheben keinen Anspruch auf Vollständigkeit und müssen den betrieblichen Strukturen vor Ort sowie der aktuellen Gesetzes-/Vorschriftenlage entsprechend angepasst werden.

Andere Lösungen sind möglich, wenn die Sicherheit und der Gesundheitsschutz in gleicher Weise gewährleistet sind. Inhaltliche Veränderungen jeder Art an den angebotenen Handlungshilfen und Grundlagen bleiben in der Verantwortung/Haftung Dritter.

Zum leichteren Verständnis werden im Folgendem die gesetzlichen und berufsgenossenschaftlichen Vorschriften und Regeln, mit Bezug, in ihren Kernaussagen zusammengefasst und daraus ein praxisorientierter Umsetzungsvorschlag abgeleitet.

In diesem entstehenden „Baukastensystem" werden die einzelnen Umsetzungsvorschläge am Ende miteinander verbunden, so dass eine komplexe Gefährdungsbeurteilung für alle Beschäftigten des Betriebes entsteht.

Andreas Luksch, FAS

1 Grundlegende Pflichten und Informationen

1.1 Arbeitsschutz als Aufgabe und Verantwortung der Führungskräfte

1.1.1 Verantwortung für den Arbeitsschutz

Grundsätzlich trägt der **Arbeitgeber** die Verantwortung für den Arbeitsschutz in seinem Betrieb. Die Verantwortung des Arbeitgebers, für die Sicherheit und Gesundheit seiner Beschäftigten zu sorgen, wird bereits mit der Unterzeichnung des Arbeitsvertrages und der damit einhergehenden Übernahme von Fürsorgepflichten begründet (§618 BGB). Weitere Regelungen für den Arbeitsschutz und zu den Rechtsfolgen bei einem Pflichtenverstoß sind in den einschlägigen Gesetzen und Vorschriften festgehalten (z.B. ArbSchG, BetrSichV...).

Der Arbeitsschutz ist primär präventiv ausgerichtet, d.h. es soll der Entstehung von Gefahren und dem Eintreten von Unfällen entgegengewirkt werden. Der Arbeitgeber hat diesem Grundgedanken zurfolge die erforderlichen Maßnahmen zur Sicherheit und Gesundheit der Beschäftigten bei der Arbeit zu treffen. Dabei hat der Arbeitgeber auch die betrieblichen Umstände im Einzelfall zu berücksichtigen. Die erforderlichen (getroffenen) Maßnahmen sind durch den Arbeitgeber auf ihre Wirksamkeit hin zu kontrollieren und möglichen Veränderungen anzupassen (§3 ArbSchG).

Zur Feststellung/Festlegung der erforderlichen Schutzmaßnahmen hat der Arbeitgeber eine **Gefährdungsbeurteilung** (Gefahrenanalyse), nach der Eigenart der Tätigkeiten und der Anzahl der Beschäftigten in seinem Betrieb, vorzunehmen (§5 ArbSchG). Der Arbeitgeber ist verpflichtet, die Ergebnisse seiner Gefährdungsbeurteilungen, die von ihm festgelegten Maßnahmen und das Ergebnis ihrer Überprüfung zu dokumentieren (§6 ArbSchG). Weitere Rechtsquellen, die explizit eine Gefährdungsbeurteilung fordern, sind §3 BetrSichV, §3 ArbStättV, §3 BildscharbV, §6 GefStoffV, §§5–6 BioStoffV, §3 LärmVibrationsArbSchV, §2 LasthandhabV, §3 OStrV sowie §1 MuSchArbV.

Darüber hinaus hat der Arbeitgeber seine Beschäftigten regelmäßig über die Gefährdungen am Arbeitsplatz, zur Sicherheit und zum Gesundheitsschutz, zu unterweisen. Die **Unterweisungen** umfassen Anweisungen und Erläuterungen, die eigens auf den Arbeitsplatz oder den Aufgabenbereich der Beschäftigten ausgerichtet sind (§12 ArbSchG).

1.1.2 Delegation

In Betrieben, in denen z.B. komplexe Arbeitsprozesse ablaufen, unterschiedliche Gewerke arbeiten, eine große Anzahl von Beschäftigten tätig sind oder größere räumliche Entfernungen zu Außenstellen oder Niederlassungen bestehen, kann der Arbeitgeber seine Aufgaben zur Sicherstellung des Arbeitsschutzes auf weitere Personen, seine Führungskräfte, übertragen (§13 ArbSchG). Mit der Zuweisung des Verantwortungsbereiches hat sich die Führungskraft nach Geboten und Verboten in ihrem Verantwortungsbereich zu erkundigen.

Pflichten, die Sie nicht kennen oder die Ihnen vom Arbeitgeber nicht ausdrücklich delegiert und genannt wurden, entbinden Sie *nicht* der Haftung in Ihrem Verantwortungsbereich. Bei der Nichterfüllung der übertragenden Arbeitgeberpflichten kann eine Haftung der Beauftragten begründet sein (Haftung kraft Beauftragung).

Eine wirksame Übertragung der Arbeitgeberpflichten setzt *keine* Schriftform voraus. Die Nichteinhaltung der Schriftform zieht nicht deren Unwirksamkeit nach sich (§ 9 OwiG). Die Führungskraft ist nicht nur für ihr falsches Tun, sondern auch für ein Unterlassen innerhalb ihres Aufgaben- und Zuständigkeitsbereiches verantwortlich (Garantenverantwortung). Dabei ist zu beachten, dass der Arbeitgeber seine Aufgaben im Arbeitsschutz *nicht vollständig* auf Dritte übertragen kann. Auch nach einer Delegierung bleibt der Arbeitgeber in seiner Aufsichts- bzw. Organisationspflicht. Organisationspflichten des Arbeitgebers können *nicht* delegiert werden.

1.1.3 Pflichten und Verantwortung der Führungskräfte

Die Führungskräfte gehören zu den verantwortlichen Personen, welche im Betrieb die Arbeitssicherheit zu gewährleisten haben (§ 9 OwiG). Die Führungskraft ist für die ihr unterstellten Mitarbeiter zuständig und verantwortlich. Sie ist in ihrem Zuständigkeitsbereich verpflichtet, alle erforderlichen Maßnahmen des Arbeitsschutzes zu treffen.

Im Falle eines Arbeitsunfalls ist die Führungskraft beweispflichtig, ihrer Verantwortung im Arbeitsschutz *jederzeit* nachgekommen zu sein (Vorwurf der Pflichtverletzung). Der Verstoß gegen Unfallverhütungsvorschriften kann schon eine Haftung begründen.

1.1.4 Organisationspflicht des Arbeitgebers

Der Arbeitgeber kann/darf die Organisationspflichten für seinen Betrieb nicht delegieren. Zu seinen Organisationspflichten gehören:

- Vollständige Ermittlung der Pflichten im Betrieb (z.B. Organisation des Arbeitsschutzes)
- Pflichtendelegierung auf Mitarbeiter
- Pflichten regelmäßig aktualisieren (z.B. Betriebspflichten, Rechtsvorschriften)
- Pflichten erfüllen
- Pflichten kontrollieren
- Pflichten dokumentieren

Der Arbeitgeber muss deshalb regelmäßig seiner Aufsichts- und Kontrollpflicht nachkommen. Dazu gehört auch die sachgerechte Organisation und Aufgabenverteilung sowie die angemessene Unterweisung der Mitarbeiter über ihre Aufgaben und Pflichten (Aufsichtspflichten sind auch Leitungs- und Organisationspflichten, § 130 OwiG). Der Arbeitgeber hat bei der Delegation den Verantwortungsbereich eindeutig festzulegen und Kompetenzüberschneidungen zu vermeiden.

Der Arbeitgeber kann sich *nicht allein* auf das Pflichtbewusstsein seiner Beschäftigten verlassen. Deshalb muss er regelmäßig stichprobenweise Kontrollen durchführen. Der Arbeitgeber hat in seinem Betrieb die *bestimmungsgemäße Verwendung,* insbesondere die der Maschinen, Geräte, Werkzeuge, Arbeitsstoffe, Transportmittel und der sonstigen Arbeitsmittel sowie der Schutzvorrichtungen und die seinen Beschäftigten zur Verfügung gestellte persönliche Schutzausrüstung, *durchgängig sicher zu stellen* (§15, Abs.2 ArbSchG).

> Sämtliche Vorgänge zur Betriebsorganisation z.B. das Ermitteln der Pflichten, die Delegation, Änderungen von Zuständigkeiten, die Erfüllung und die Kontrolle der Pflichten sind zu dokumentieren.

Kommt es im Betrieb zu Pflichtverstößen, muss sich der Arbeitgeber gegen den Vorwurf des *Organisationsverschuldens* verantworten. Ein haftungsbegründendes Organisationsverschulden kann schon im Fehlen klarer Anweisungen gesehen werden, wenn z.B. bei personeller Unterbesetzung betrieblich vorgesehene **Überwachungsmaßnahmen** vernachlässigt werden. Dabei trifft eine Strafbarkeit aus Organisationsverschulden jeden Mitarbeiter, der Unternehmerpflichten wahrgenommen hat.

1.1.5 Führungsebenen im Arbeitsschutz

Bei der Übertragung der Arbeitgeberpflichten im Arbeitsschutz (§13 ArbSchG) werden die Arbeitsschutzpflichten der Führungskräfte auf unterschiedliche Führungsebenen delegiert. Die Führungskräfte sind dabei für das ihnen unterstellte Personal zuständig und verantwortlich.

In der **obersten** und **oberen** Führungsebene werden die Betriebsziele festgelegt und die finanziellen Mittel bereitgestellt, erfolgt die Zuteilung von Aufgaben, die Zuweisung von Zuständigkeitsbereichen, die Abgrenzung von Kompetenzbereichen, die Auswahl geeigneter Führungskräfte und Bestimmung der Einsatzgebiete, die regelmäßige Kontrolle und Aufsicht der unterstellten Führungskräfte.

In der **mittleren** und **unteren** Führungsebene werden vor Ort die von der obersten und oberen Führungsebene vorgegebenen Maßnahmen umgesetzt. Dies geschieht durch eine direkte Zuteilung der einzelnen Aufgaben und einer Anweisung bzw. Unterweisung der einzelnen Mitarbeiter. Die Führungskräfte der mittleren und unteren Führungsebene beaufsichtigen und kontrollieren die ihnen unterstellten Mitarbeiter regelmäßig auf die Einhaltung der arbeitsrechtlichen Schutzmaßnahmen und sind verpflichtet, bei Nichtbeachtung einzugreifen und ggf. Meldung an den nächsten Vorgesetzten zu machen.

Die Aufgaben der einzelnen Führungsebenen lassen sich folgend zusammenfassen:

Oberste Führungsebene (Arbeitgeber):

- Bereitstellung der Mittel (z.B. Gelder, Anlagen, Einrichtungen)
- Auswahl und Einsetzung der oberen Führungsebene
- Oberaufsicht über den gesamten Betrieb einschließlich aller Abläufe

Obere Führungsebene (z.B. Teilbereichsleiter):

- Planung der betrieblichen Abläufe
- Schaffung der Anlagen und Einrichtungen

- Gefährdungen ermitteln und beurteilen
- Maßnahmen zur Beseitigung von Gefahren treffen bzw. anordnen
- Auswahl, Einsatz und Beaufsichtigung der unterstellten Führungskräfte
- Unterstellte Führungskräfte auf Fehlverhalten ansprechen bzw. ermahnen
- Einberufung und Organisation regelmäßiger Treffen/Besprechungen mit den unterstellten Führungskräften, bei denen z.B. aktuelle Vorkommnisse, Probleme oder Verbesserungsvorschläge erörtert werden
- Wirksamkeit und Einhaltung von Arbeitsschutzmaßnahmen regelmäßig überprüfen
- Erforderliche personelle Maßnahmen einleiten
- Bei drohender Gefahr, die keinen weiteren Aufschub duldet, Arbeiten einstellen lassen und eine sofortige Meldung an den nächsten Vorgesetzten machen
- Maßnahmen und Kontrollen dokumentieren
- Auswahl und Einsetzung der Mitarbeiter

Mittlere (z.B. Teilbereichsmeister) und untere (z.B. Vorarbeiter) Führungsebene:

- Durchführung der vorgegebenen organisatorischen Abläufe
- Unterstellte Mitarbeiter auf Fehlverhalten ansprechen bzw. ermahnen
- Wirksamkeit und Einhaltung von Arbeitsschutzmaßnahmen regelmäßig überprüfen
- Erforderliche personelle Maßnahmen einleiten
- Bei drohender Gefahr, die keinen weiteren Aufschub duldet, Arbeiten einstellen lassen und eine sofortige Meldung an den nächsten Vorgesetzten machen
- Maßnahmen und Kontrollen dokumentieren
- Die Organisation des Arbeitsschutzes sollte dabei **transparent** und für alle Beschäftigten im Betrieb **nachvollziehbar** aufgebaut sein.

> Sich nur darauf zu verlassen, dass der Arbeitsschutz auch immer eingehalten wird, ist nicht ausreichend.

1.2 Das Instrument der Gefährdungsbeurteilung

1.2.1 Erstellungsgrundlagen

(§§3-6 ArbSchG, §3 BetrSichV)

Der Arbeitgeber ist verpflichtet, die erforderlichen Maßnahmen des Arbeitsschutzes unter Berücksichtigung der Umstände zu treffen, die die Sicherheit und Gesundheit der Beschäftigten bei der Arbeit beeinflussen. Er hat die Maßnahmen auf ihre Wirksamkeit zu überprüfen und erforderlichenfalls sich ändernden Gegebenheiten anzupassen. Dabei hat er eine Verbesserung von Sicherheit und Gesundheitsschutz der Beschäftigten anzustreben. Der Arbeitgeber ist weiter verpflichtet, durch eine *dokumentierte Beurteilung* die Gefährdungen für die Beschäftigten zu ermitteln und die entsprechenden Maßnahmen des Arbeitsschutzes zu treffen, die erforderlich sind.

Checklisten, z.B. Standardchecklisten oder selbsterstellte Checklisten, dienen dem einfachen, schnellen Erfassen von allgemeinen, erfahrungsmäßig auftretenden Gefährdungen am Arbeitsplatz und der Feststellung, ob Schutzmaßnahmen getroffen sind oder nicht. Checklisten sind damit nur als unterstützendes Hilfsmittel zur Gefährdungsbeurteilung geeignet. In einer anschließenden Auswertung der Checklisten werden die ermittelten Gefährdungen detailliert und die getroffenen, geeigneten Schutzmaßnahmen konkret beschrieben. Die Ergebnisse werden anschließend in die Gefährdungsbeurteilung übertragen.

Der Arbeitgeber *muss* über die erforderlichen Unterlagen verfügen, je nach Art der Tätigkeiten und der Zahl der Beschäftigten, aus denen das Ergebnis der Gefährdungsbeurteilung, die von ihm festgelegten Maßnahmen des Arbeitsschutzes und das Ergebnis ihrer Überprüfung ersichtlich sind.

Gefährdungen können sich ergeben durch:

- die Gestaltung und die Einrichtung der Arbeitsstätte und des Arbeitsplatzes
- physikalische, chemische und biologische Einwirkungen
- die Gestaltung, die Auswahl und den Einsatz von Arbeitsmitteln, insbesondere von Arbeitsstoffen, Maschinen, Geräten und Anlagen sowie den Umgang damit
- die Gestaltung von Arbeits- und Fertigungsverfahren, Arbeitsabläufen und Arbeitszeit und deren Zusammenwirken
- unzureichende Qualifikation und Unterweisung der Beschäftigten
- psychische Belastung bei der Arbeit
  Hinweis: Psychische Belastungen sind in gleicher Weise zu beurteilen und mit Maßnahmen zu reduzieren wie körperliche Belastungen.

Ordnungswidrig im Sinne des § 25 Abs.1 Nr.1 des Arbeitsschutzgesetzes handelt, wer vorsätzlich oder fahrlässig

- entgegen § 5 Abs.1 (ArbSchG) nicht sicherstellt, dass die Gefährdungsbeurteilungen durch fachkundige Personen durchgeführt werden,
- entgegen § 6 Abs.1 Satz 1 (ArbSchG) eine Gefährdungsbeurteilung nicht, nicht richtig oder nicht vollständig dokumentiert.

Eine Handlung ist zu der Zeit begangen, zu welcher der Täter tätig geworden ist oder im Falle des Unterlassens hätte tätig werden müssen. Wann der Erfolg eintritt, ist nicht maßgebend. (OwiG)

Der Bereich einer **Straftat** wird betreten, wer sein Handeln durch Unterlassung beharrlich wiederholt!

1.2.2 Gliederung und Inhalt der Gefährdungsbeurteilung

Im folgenden Abschnitt wird der Aufbau einer Gefährdungsbeurteilung, in ihrer systematischen Gliederung und bezüglich des beschreibenden Inhalts, näher erläutert.

Gliederung:

- Aufgabenbeschreibung
- Beschreibung der Gefährdungstätigkeiten
- Einzelbewertung der Gefährdungen
- Arbeitsfreigabekonzept
- Getroffene Schutzmaßnahmen zur Gefährdungsminimierung
- Verwendete PSA
- Weitere Maßnahmen des Arbeitsschutzes (technisch, organisatorisch, individuell)
- Arbeitsmedizinische Vorsorge
- Zu beachtende Arbeitsschutzvorschriften

Inhalt:

- **Aufgabenbeschreibung:**

  Zur Einleitung in die Gefährdungsbeurteilung kann eine kurze Erläuterung, z.B. zum Berufsbild mit Berufsbezeichnung, Aufgabenbeschreibung, Arbeitsmitteleinsatz und Arbeitsumfeld gegeben werden.

- **Beschreibung der Gefährdungstätigkeiten:**

  Hier werden die Gefährdungstätigkeiten nach Art und Umfang möglichst konkret und aussagekräftig mit arbeitsspezifischen Beispielen beschrieben. Eine Gliederung der Gefährdungstätigkeiten nach Kategorien (z.B. nach mechanischen, elektrischen, thermischen Gefährdungen, Umgang mit Gefahrstoffen, Lärm, Vibrationen) verbessert die Übersichtlichkeit und Zuordnung.

- **Einzelbewertung der Gefährdungen:**

  Nicht jede Gefährdung hat das gleiche Gefährdungspotenzial für die Sicherheit und die Gesundheit des Beschäftigten. Zum Beispiel haben Gefährdungen am Bildschirmarbeitsplatz eine andere Wertigkeit als Gefährdungstätigkeiten in großer Höhe. Des Weiteren leiten sich die zu treffenden Schutzmaßnahmen in Art und Umfang aus dem ermittelten Gefährdungspotenzial ab. Die Bewertungsparameter zur Beurteilung sollten die korrekte geplante Ausführung der Arbeiten berücksichtigen. Der Beschäftigte ist unterwiesen und mit der Ausführung der Tätigkeit und deren Gefahren vertraut. Dieser Sachverhalt wird in der Bewertung der Gefährdung durch den Beurteiler aus der praktischen Erfahrung und der Auswertung von Unfallstatistiken berücksichtigt. Nicht kalkulierbare Einflüsse wie z.B. Stressfaktoren, Leichtsinn, vorsätzliches Fehlverhalten bleiben unberücksichtigt. Zur Dokumentation der Gefährdungsbewertung hat sich in der Praxis ein einfaches, übersichtliches Punktesystem bewährt.

- **Arbeitsfreigabesystem:**

  Die Beurteilung von zusätzlichen Gefährdungen erfolgt über ein Arbeitsfreigabesystem bei gefährlichen Arbeiten, bei komplexen Instandhaltungsarbeiten, bei Instandhaltungsarbeiten in brand- und explosionsgefährdeten Bereichen, die über die ermittelten Gefährdungen und die getroffenen Schutzmaßnahmen des Normalbetriebes hinausgehen und/oder wenn Arbeiten an Arbeitsmitteln, Anlagen, unter Beteiligung von weiteren Mitarbeitern (Arbeitsgruppen), anderen Gewerken und/oder Fremdfirmen durchgeführt werden müssen.

- **Getroffene Schutzmaßnahmen zur Gefährdungsminimierung:**

  Zur Vermeidung bzw. vertretbaren Minimierung der ermittelten Gefährdungstätigkeiten sind erforderliche, wirksame Schutzmaßnahmen in Art und Umfang zu treffen. Grundsatz ist, die Gefährdungen an der Quelle zu bekämpfen. Daraus leitet sich die durchzuführende Rangfolge der erforderlichen Maßnahmen ab:

  - technische Schutzmaßnahmen (z.b. Antivibrationseinrichtungen am Arbeitsmittel)
  - organisatorische Schutzmaßnahmen (z.b. Arbeitszeitbegrenzung bei Erreichen der Auslösegrenzwerte für Vibrationen)
  - persönliche Schutzmaßnahmen (z.b. Antivibrationsschutzhandschuhe)

- **Verwendete PSA:**

  Die durch den Arbeitgeber kostenlos für seine Beschäftigten zur Verfügung gestellte persönliche Schutzausrüstung (PSA) muss den entsprechenden Schutz gegen die ermittelte Gefährdung bieten. Falsch gewählte PSA täuscht einen nicht vorhandenen Schutz vor. Bei der Auswahl der geeigneten PSA ist auf die gültige DIN EN Norm und die CE-Kennzeichnung zu achten.

- **Weitere Maßnahmen des Arbeitsschutzes (technisch, organisatorisch, individuell):**

  Neben den unmittelbaren Schutzmaßnahmen im Zusammenhang mit den Gefährdungstätigkeiten müssen auch die mittelbaren Maßnahmen dokumentiert werden, aus denen sich weitere Schutzmaßnahmen ableiten können, z.B. „Brandschutz"-Maßnahmen, „Erste Hilfe"-Maßnahmen, Flucht- und Rettungswege, Koordinatoraufgaben, Aus- und Weiterbildung von Arbeitsschutzpersonal.

- **Arbeitsmedizinische Vorsorge:**

  Der Arbeitgeber darf Beschäftigte, an deren Arbeitsplatz Gefährdungen für die Gesundheit bestehen, z.B. durch die Überschreitung von Auslösewerten, Arbeitsplatzgrenzwerten, oder die die Auswahlkriterien der gefährdenden Tätigkeit erfüllen, nur beschäftigen, wenn sie fristgerecht Vorsorgeuntersuchungen durch einen ermächtigten Arzt (Betriebsarzt) unterzogen worden sind. Das Benutzen von persönlichen Schutzausrüstungen befreit davon nicht!

- **Zu beachtende Arbeitsschutzvorschriften:**

  Mit der Angabe der beachteten/angewendeten Arbeitsschutzvorschriften, die bei der Erstellung der Gefährdungsbeurteilung berücksichtigt wurden, kann dem Arbeitgeber unterstellt werden, dass er die Mindestanforderungen des Arbeitsschutzes beachtet hat. Dabei hat der Arbeitgeber aber auch die betrieblichen Besonderheiten im Einzelfall in seinem Betrieb zu beachten und die Gefährdungsbeurteilung entsprechend anzupassen. Andere Lösungen sind zulässig, wenn der Arbeitsschutz auf andere Art und Weise die Gesundheit und die Sicherheit der Beschäftigten bei der Arbeit sicherstellt.

Hinweis: Der Arbeitgeber muss diese von ihm getroffenen „anderen Lösungen" ebenfalls nachvollziehbar in der Gefährdungsbeurteilung dokumentieren.

Aufgabenbeschreibung
(Mustervorlage)

Beruf / Tätigkeit: _____

Aufgaben:

- _____
- _____
- _____

Arbeiten mit/zum:

- _____
- _____
- _____

Arbeiten in/auf:

- _____
- _____
- _____

Gefährdungsbeurteilung gemäß §5 ArbSchG
(Mustervorlage)

Stand:_____

Beruf/Tätigkeit:_____

Art der Gefährdung (Beschreibung der Gefährdungstätigkeiten)		Bewertung der Gefähr- dung **G**	getroffene Schutzmaß- nahmen, ver- wendete PSA
Nr.	**Mechanisch:**		
1	z.B.: Arbeiten mit Handwerkzeugen, Lasthebeanlagen		
2	Schmiedearbeiten, Erdarbeiten		
3	Montagearbeiten		
Nr.	**Sturz/Absturz:**		
1	z.B.: Arbeiten mit/auf Aufstiegshilfen, Gerüsten		
2	Türmen, Schachtanlagen		
3	Sturz-, Stolper-, Rutschgefährdungen auf Verkehrswegen/Treppen in Gebäuden, unebenen Wegen/Plätzen		
Nr.	**Elektrizität:**		
1	z.B.: Gefährdungen durch Stromschlag beim Arbeiten mit elektrischen Maschinen/Geräten, beim Elektroschweißen		
2	elektromagnetische Felder		
3			
Nr.	**Umgang mit Gefahrstoffen:**		
1	z.B.: Gesundheitsbeschwerden durch Haut-/Augenkontakt und das Einatmen von Nebeln/Stäuben		
2			
3			

Art der Gefährdung (Beschreibung der Gefährdungstätigkeiten)		Bewertung der Gefähr- dung G	getroffene Schutzmaß- nahmen, ver- wendete PSA
Nr.	**Arbeiten in engen Räumen:**		
1	z.B.: Arbeiten in Werkstattgruben, Silos, Kriechböden, Bunkern		
2			
3			
Nr.	**Brand/Explosion:**		
1	z.B.: Schweißarbeiten in brand-/ explosionsgefährdeten Bereichen		
2	Arbeiten/Umgang mit brennbaren Flüssigkeiten/Gasen		
3	(Kraftstoffen, Lacken, Löt-/Schweißgasen)		
Nr.	**Thermische Einwirkungen:**		
1	z.B.: Hochofenarbeiten, Asphaltierungs- arbeiten, Schmiedearbeiten		
2	Arbeiten in Kühlhäusern		
3			
Nr.	**Lärm/Schall:**		
1	z.B.: durch lärmerzeugende Maschinen/ Anlagen		
2			
3			
Nr.	**Schwingungen/Vibrationen:**		
1	z.B.: durch handgeführte Maschinen/ Geräte		
2	Fahren mit Kfz auf schlechten Fahrbah- nen, Baustellen, Gelände		
3			
Nr.	**Strahlung:**		
1	z.B.: UV-Strahlung beim Elektroschweißen		

Art der Gefährdung (Beschreibung der Gefährdungstätigkeiten)		Bewertung der Gefährdung **G**	**getroffene Schutzmaß- nahmen, ver- wendete PSA**
2	Sonnenlicht bei Außenarbeiten		
3	Ionisierende Strahlung, Radarstrahlung		
Nr.	**Klima/Beleuchtung:**		
1	z.b.: unzureichende Arbeitsplatz- beleuchtung,		
2	Raumtemperatur, Luftfeuchtigkeit, Lüftung		
3	Klimaanlagen		
Nr.	**Physische Belastung:**		
1	z.B.: Heben und Tragen schwerer Lasten		
2	Arbeiten in Zwangslagen		
3			
Nr.	**Bildschirmarbeit:**		
1	z.B.: unergonomische Einrichtungsgegenstände, Platzbedarf		
2	Softwareeigenschaften, Monotonie		
3			
Nr.	**weitere Gefährdungen:**		
1	z.B.: Standsicherheit von Arbeitsmitteln		
2	Fahren mit Kfz, Motor-Abgase, Schweißrauche		
3	Arbeiten unter Über-/Unterdruck		
Nr.	**Sonstiges:**		
1	z.B.: Beurteilung von zusätzlichen Gefährdungen bei der Instandhaltung über ein Arbeitsfreigabesystem		
2	Unordnung am Arbeitsplatz		
3	Ladungssicherung beim Transport von Gütern		

Gefährdungsbeurteilung
(Einzelbewertung)

lfd. Nr.	Art der Gefährdungen	Gefahr-faktor G	Maßnahmen	PSA
	Arbeitsmittel: _____		**Allgemeines:**	**Bereitstellung von:**
	Beachtung! Betriebsanleitungen / Betriebsanweisungen lesen und beachten! Eigenmächtige Umbauten und Veränderungen sind verboten! Arbeiten an/mit Arbeitsmitteln erst nach Unterweisung durch den zuständigen Vorgesetzten.			

(Mustervorlage)   Stand: _____

G (Gefahrfaktor) = Bewertung der Gefährdung

Datum, Beurteiler: _____

Hinweis: Arbeitsmittel sind alle Mittel, die den Beschäftigten bei der Arbeit durch den Arbeitgeber bereitgestellt werden. Arbeitsmittel sind z.B. Maschinen, Geräte, Anlagen, Werkzeuge, Hilfsmittel, Gefahrstoffe.

1.2.3 Bewertung der Gefährdung

Um das Gefährdungspotenzial der *einzelnen* Gefährdungstätigkeiten richtig einschätzen zu können und die geeigneten Schutzmaßnahmen zur Gefährdungsminimierung zu bestimmen, müssen die Gefährdungstätigkeiten *einzeln* bewertet werden.

Gefährdung (G)	niedrig	mittel	hoch
Bewertung:	1 – 3	4 – 7	8 – 10

Die Parameter „niedrig", „mittel", „hoch" definieren das Ausmaß der zu erwartenden Verletzung in ihrer Schwere, der verbleibenden Handlungsfähigkeit der verletzten Person und Zeitdauer der Arbeitsunfähigkeit. Die erforderliche Erste Hilfe wird unmittelbar durch die verletzte Person selbst oder durch Dritte geleistet. Das Verletzungsrisiko ergibt sich aus der Art der Tätigkeit. Schutzmaßnahmen bleiben bei der Einstufung zu den Verletzungsarten unberücksichtigt. Sie werden nach der Einstufung in geeigneter Form getroffen, um die Eintrittswahrscheinlichkeit eines Unfalls auszuschließen oder vertretbar zu minimieren. Die Eintrittswahrscheinlichkeit eines Unfalls ist grundsätzlich an dessen Definition (Ein Unfall ist ein plötzlich auftretendes, unerwartetes Ereignis) gebunden und findet in der Einstufung keine weitere Berücksichtigung.

niedrig: Darunter werden geringfügige, leichte Verletzungsarten eingestuft. Die verletzte Person bleibt in Bezug auf ihre Verletzung im vollem Umfang handlungsfähig und kann ihre Arbeit generell fortsetzen. Die Arbeitsunfähigkeit beträgt maximal 3 Tage.

Beispiele:

- Oberflächliche Schnittverletzungen/ Blutergüsse
- Leichte Prellungen
- Verbrennungen 1. Grades

mittel: Darunter werden nicht lebensbedrohliche Verletzungsarten eingestuft. Die verletzte Person bleibt in Bezug auf ihre Verletzung eingeschränkt handlungsfähig und kann ihre Arbeit generell nicht mehr fortsetzen. Die Arbeitsunfähigkeit beträgt mehr als 3 Tage.

Beispiele:

- Tiefe Schnittverletzungen
- Schwere Prellungen/Verstauchungen
- Verbrennungen 2. Grades

hoch: Darunter werden auch lebensbedrohliche Verletzungsarten eingestuft. Die verletzte Person bleibt in Bezug auf ihre Verletzung nicht mehr handlungsfähig und kann ihre Arbeit nicht mehr fortsetzen.

Beispiele:

- Schwere Knochenbrüche
- Innere Verletzungen
- Verbrennungen 3. Grades

Verletzungen, die nicht zwingend unmittelbar eintreten, sondern erst nach einer längeren Gefährdungseinwirkung und über einen längeren Zeitraum, in ihren Wirkungen dann aber erhebliche Gesundheitseinschränkungen ergeben können, sind gesondert zu bewerten und einzustufen, z.B. Verletzungen durch Lärm, Vibrationen, Strahlung.

In der Bewertung der Gefährdung ist die **korrekte geplante Ausführung** der Arbeiten berücksichtigt, d.h. der Beschäftigte ist unterwiesen und mit der Ausführung der Tätigkeit und deren Gefahren vertraut. Dieser Sachverhalt wird in der **Bewertung der Gefährdung (G)** durch den Beurteiler aus der praktischen Erfahrung und der Auswertung von Unfallstatistiken berücksichtigt.

Nicht abschätzbare Einflüsse bleiben unberücksichtigt, z.B.:

- Stressfaktoren
- Leichtsinn
- Nichtbeachten der Gefahren am Arbeitsplatz
- Vorsätzliches Fehlverhalten (z.B. Missachtung von Anweisungen)

1.2.4 Maßnahmen des Arbeitsschutzes

Technische Maßnahmen:

- **regelmäßige Prüfung, Wartung, Instandsetzung** aller Arbeitsmittel und überwachungsbedürftigen Anlagen nach den vorgeschriebenen Fristen, gesetzlichen Vorgaben, Vorschriften und den Herstellerangaben
- **arbeitstägliche Prüfung** der Schutzeinrichtungen auf ordnungsgemäße Funktion an den eingesetzten Arbeitsmitteln und Anlagen

Organisatorische Maßnahmen:

- Ausbildung/Weiterbildung und Bestellung von Sicherheitsbeauftragten und Ersthelfern
- Ausbildung/Weiterbildung und Bestellung von befähigten Personen
- Arbeitsmedizinische Vorsorge
- Arbeitsschutzausschusssitzungen und Betriebsbegehungen
- interne Auswertung der Unfallstatistik
- Maßnahmen in Notfällen/Unfällen, zur Ersten Hilfe und zum Brandschutz
- Betriebsfeuerwehr vor Ort

Sonstiges:

- Beachtung der gültigen CE-Kennzeichnung aller PSA-Artikel
- Anwendungsübungen in der richtigen Benutzung der PSA
- **Beachtung der aktuellen Arbeits- und Betriebsanweisungen**
- Erstunterweisung, anschließend 1x jährlich und im Bedarfsfall aller Mitarbeiter (aufgabenbezogen)
- weitere Checklisten/Dokumente zur Beurteilung der Arbeitsbedingungen/Gefährdungen

1.2.4.1   Arbeitsmedizinische Vorsorge

(ArbSchG §11, ArbMedVV, DGUV Vorschrift 6, DGUV Information 250-XXX)

Der Arbeitgeber hat auf der Grundlage der Gefährdungsbeurteilung für eine angemessene arbeitsmedizinische Vorsorge zu sorgen. Arbeitsmedizinische Vorsorge kann auch weitere Maßnahmen der Gesundheitsvorsorge umfassen. Arbeitsmedizinische Vorsorgeuntersuchungen dienen der Früherkennung arbeitsbedingter Gesundheitsstörungen sowie der Feststellung, ob bei Ausübung einer bestimmten Tätigkeit eine erhöhte gesundheitliche Gefährdung besteht.

Eine arbeitsmedizinische Vorsorgeuntersuchung kann sich auf ein Beratungsgespräch beschränken, wenn zur Beratung körperliche oder klinische Untersuchungen nicht erforderlich sind. Arbeitsmedizinische Vorsorgeuntersuchungen umfassen Pflichtuntersuchungen, Angebotsuntersuchungen und Wunschuntersuchungen (detaillierte Angaben siehe Arb-MedVV).

- **Pflichtuntersuchungen** sind arbeitsmedizinische Vorsorge, die bei bestimmten besonders gefährdenden Tätigkeiten zu veranlassen sind.

- **Angebotsuntersuchungen** sind arbeitsmedizinische Vorsorge, die bei bestimmten gefährdenden Tätigkeiten anzubieten sind.

- **Wunschuntersuchungen** sind arbeitsmedizinische Vorsorge, die der Arbeitgeber den Beschäftigten nach §11 des Arbeitsschutzgesetzes zu ermöglichen hat.

Der Arbeitgeber darf Beschäftigte, an deren Arbeitsplatz Gefährdungen für die Gesundheit bestehen, z.B. durch die Überschreitung von Auslösewerten/Arbeitsplatzgrenzwerten oder die die Auswahlkriterien der gefährdenden Tätigkeit erfüllen, nur beschäftigen, wenn sie fristgerecht arbeitsmedizinischer Vorsorge durch einen ermächtigten Arzt (Betriebsarzt) unterzogen worden sind. **Das Benutzen von persönlichen Schutzausrüstungen befreit davon nicht!**

Der Arbeitgeber hat den Beschäftigten auf ihren **Wunsch,** unbeschadet der Pflichten aus anderen Rechtsvorschriften, zu ermöglichen, sich je nach den Gefahren für ihre Sicherheit und Gesundheit bei der Arbeit regelmäßig arbeitsmedizinisch untersuchen zu lassen, **es sei denn,** auf Grund der Beurteilung der Arbeitsbedingungen und der getroffenen Schutzmaßnahmen ist nicht mit einem Gesundheitsschaden zu rechnen.

Untersuchungen auf Verlangen kommen in Betracht, wenn bei der Tätigkeit die Auslöseschwellen bzw. die Arbeitsplatzgrenzwerte unterschritten werden oder die Auswahlkriterien für eine gefährdende Tätigkeit nicht erfüllt sind oder eine Regelung fehlt. Voraussetzung ist aber eine qualifizierte Beurteilung der Kausalität (ursächlichen Zusammenhang). Das Verlangen des Versicherten nach einer arbeitsmedizinischen Vorsorge löst keine regelmäßigen Nachuntersuchungen aus.

Der Arbeitgeber hat die arbeitsmedizinische Vorsorge zu veranlassen und die Kosten zu tragen, soweit dies nicht von der Berufsgenossenschaft übernommen wird. Der Arbeitgeber hat dafür zu sorgen, dass die Erstuntersuchung vor Beginn der Tätigkeit durchgeführt wird. Die Erstuntersuchung darf nicht länger als 12 Wochen zurückliegen.

Arbeitsmedizinische Vorsorge
(Mustervorlage)

Stand: _____

Vorsorge G-Satz*	Angebot Pflicht	Gefährdungstätigkeit	Expositionsdauer (Minuten) (8 h = 1 Arbeitstag)	Gefahrstoff (Bezeichnung)

*Die Grundsätze zu den einzelnen Vorsorgen sind in den DGUV Informationen 250-401 bis 250-453 beschrieben.

Hinweis: Erforderliche arbeitsmedizinische **Vorsorgen** bei Exposition mit **biologischen Arbeitsstoffen** sind in den Gefährdungsbeurteilungen „Biologische Arbeitsstoffe" dokumentiert.

Bemerkungen: _____

Datum, Beurteiler: _____

Eine Erstuntersuchung kann auch bei veränderten Arbeitsplatzbedingungen an demselben Arbeitsplatz oder bei Wechsel des Arbeitsplatzes innerhalb des Betriebes erforderlich sein.

Der Arbeitgeber hat dafür zu sorgen, dass Nachuntersuchungen innerhalb von 6 Wochen vor Ablauf der Nachuntersuchungsfrist durchgeführt werden. Die Frist für die Nachuntersuchung beginnt mit dem Zeitpunkt der letzten Vorsorgeuntersuchung.

Ist für die Nachuntersuchung keine bestimmte Frist, sondern eine Zeitspanne festgelegt, so ist die Nachuntersuchung spätestens zu dem Zeitpunkt durchzuführen, den der ermächtigte Arzt je nach Arbeitsbedingungen und Gesundheitszustand des Versicherten bestimmt hat. Für Beschäftigte, bei denen eine Vorsorgeuntersuchung durchgeführt worden ist, hat der Unternehmer eine Vorsorgekartei zu führen.

1.2.4.2 Betriebsanweisungen

(DGUV Regel 100-001 1 §4, 15, 17, TRGS 555)

Der Arbeitgeber stellt sicher, dass den Beschäftigten vor Aufnahme der Tätigkeit eine *schriftliche* Betriebsanweisung zugänglich gemacht wird, die der Gefährdungsbeurteilung Rechnung trägt. Die Betriebsanweisung ist in einer für die Beschäftigten verständlichen Form und Sprache abzufassen und an geeigneter Stelle an der Arbeitsstätte möglichst in Arbeitsplatznähe zugänglich zu machen. Betriebsanweisungen sind arbeitsplatz- und tätigkeitsbezogene *verbindliche* schriftliche Anordnungen und Verhaltensregeln des Arbeitgebers an Beschäftigte zum Schutz vor Unfall und Gesundheitsgefahren, Brand- und Explosionsgefahren sowie zum Schutz der Umwelt bei Tätigkeiten mit Gefahrstoffen.

Basis für die Erstellung von Betriebsanweisungen sind die Ergebnisse der Gefährdungsbeurteilung, wobei den Gefährdungen bei Tätigkeiten mit Gefahrstoffen besondere Beachtung zu schenken ist. Mögliche Betriebsstörungen sind zu berücksichtigen.

Bei der Erstellung von Betriebsanweisungen sind insbesondere zu beachten:

- Arbeitsplatzspezifische Gegebenheiten,
- Vorschriften der Gefahrstoffverordnung und ihre Anhänge,
- Sicherheitsdatenblätter,
- Technische Regeln für Gefahrstoffe sowie sonstige allgemein anerkannte sicherheitstechnische, arbeitsmedizinische und hygienische Regeln.

Zusätzlich können Herstellerinformationen wie z.B. Technische Merkblätter nützlich sein. Betriebsanweisungen sind an neue Erkenntnisse anzupassen und müssen entsprechend dem Stand der Gefährdungsbeurteilung aktualisiert werden. Verantwortlich für die Erstellung von Betriebsanweisungen ist der Arbeitgeber.

Die äußere Form der Betriebsanweisung ist nicht festgelegt. Allerdings fördert die einheitliche Gestaltung von Betriebsanweisungen innerhalb einer Betriebsstätte den „Wiedererkennungseffekt" für die Beschäftigten. So hat sich durchgesetzt (ohne vorgeschrieben zu sein), dass Betriebsanweisungen für Gefahrstoffe einen orangen Rahmen, für Maschinen/Geräte/Anlagen einen blauen Rahmen und für biologische Arbeitsstoffe einen grünen Rahmen haben. **Piktogramme und Symbolschilder** nach Arbeitsstättenregel **ASR A 1.3** „Sicherheits- und Gesundheitsschutzkennzeichnung" **können verwendet werden.**

Stand: tt.mm.jj	**Betriebsanweisung**	Betrieb:
Nummer:	Schockfroster	Arbeitsbereich:

Anwendungsbereich

Diese Betriebsanweisung gilt für den Umgang mit CO_2-betriebenen Schrankschockfrostern

Gefahren für Mensch und Umwelt

- Gesundheitsgefährdung und Vergiftungsgefahr durch CO_2
- Kontakt mit kalten Medien
- Mechanische Gefährdungen durch
  - Quetschen beim Beschicken und Entnehmen
  - Stoßen beim Beschicken und Entnehmen

Schutzmaßnahmen und Verhaltensregeln

- Vor Arbeitsbeginn prüfen, ob die Sicherheitseinrichtungen funktionieren und die Abluftanlage in Betrieb ist.
- Schrankfrostertüren während des Schockfrostvorganges geschlossen halten. Türen erst dann öffnen, wenn Lichtsignal erkennbar ist. Türen langsam öffnen.
- Stikkenwagen erst entnehmen, wenn keine CO_2-Wolke mehr erkennbar ist.
- Beim Beschicken und Entnehmen immer Schutzhandschuhe verwenden.
- Auf ausreichende Standsicherheit der Stikkenwagen bei allen zu erwartenden Beanspruchungen ist zu achten.
- Stikkenwagen gegen unbeabsichtigtes Wegrollen sichern.
- Die Aufhaltung der Schrankfrostertüren sichern und kontrollieren.
- Not-Befehlseinrichtung zum Stillsetzen der Kühleinrichtung regelmäßig überprüfen (bei begehbaren Räumen mit mehr als 2 m² Grundfläche auch innen).
- Überprüfen, ob Türen bei begehbaren Kühlräumen bis 10 m² Grundfläche im nicht abgeschlossenen oder nicht verriegelten Zustand von innen zu öffnen sind.

Verhalten bei Störungen

- Festgestellte Mängel sofort dem Vorgesetzten melden.
- Bei Störungen Schockfroster außer Betrieb nehmen.
- Reparaturen nur durch Fachpersonal.

Verhalten bei Unfällen / Erste Hilfe

- Verletzten aus Gefahrenbereich entfernen.
- Ersthelfer herbeirufen: Tel ....
- Rettungswagen/Notarzt rufen: Tel. 112
- Vorgesetzten informieren.
- Jede Verletzung ins Verbandbuch eintragen.

Instandhaltung

- Instandsetzung nur durch beauftragte Personen bzw. Fachfirmen
- Regelmäßige Wartung der Türdichtungen nach Herstellerangeben
- Absaugeinrichtungen vor der ersten Inbetriebnahme und nach wesentlichen Änderungen durch eine befähigte Person (Sachkundigen) auf Wirksamkeit prüfen

Datum: tt.mm.jj Unterschrift des Vorgesetzten: _____	Nächste Überprüfung: tt.mm.jj

_____	**Betriebsanweisung** **gemäß § 14 GefStoffV**	**Nr.:** **Stand:** _____ Unterschrift:

gilt für: _____ (Betrieb, Gebäude, Arbeitsplatz, Tätigkeit)

GEFAHRSTOFFBEZEICHNUNG

Organisches Peroxid: _____

GEFAHREN FÜR MENSCH UND UMWELT

- Kann Brand verursachen
- Durch Zersetzung (Verunreinigung, Temperaturen > 50° C) entstehen entflammbare Dämpfe

SCHUTZMASSNAHMEN UND VERHALTENSREGELN

- Von starken Säuren und Laugen, Schwermetallsalzen und reduzierenden Stoffen fernhalten.
- Peroxid-Gebinde nach dem Umfüllen sofort verschließen und umgehend in das Peroxid-Lager zurückbringen.
- Überschussmengen niemals in das Originalgebinde zurückkippen.
- Essen, Trinken und Aufbewahren von Nahrungsmitteln am Arbeitsplatz ist verboten.
- Produkt nicht in die Kanalisation gelangen lassen.
- Berührung mit Augen, Haut und Kleidung vermeiden! Nach Arbeitsende und vor jeder Pause Hände und andere verschmutzte Körperstellen gründlich reinigen. Hautpflegemittel verwenden!

Augenschutz: Gestellbrille mit Seitenschutz!
Handschutz: Schutzhandschuhe aus Butylkautschuk, Fluorkautschuk
Körperschutz: Gummischürze

VERHALTEN IM GEFAHRFALL — Ruf Feuerwehr 112

Zuständiger Arzt

- Gefahrenbereich räumen und absperren, Vorgesetzten informieren.
- Im Brandfall mit Schaumlöscher löschen; bei noch vorhandenem Peroxid unter die Kontrolltemperatur abkühlen.
- Verschüttetes Peroxid mit nicht brennbarem Material z.B. Vermiculite (Standort _____) aufnehmen.
- Alarm-, Flucht- und Rettungspläne beachten. Feuerwehr alarmieren.

ERSTE HILFE — Notruf 19222 oder 112

Ersthelfer

Bei jeder Erste-Hilfe-Maßnahme: Auf Selbstschutz achten, ärztliche Behandlung. Lebensrettende Sofortmaßnahmen, wie ‚Stabile Seitenlage‘, ‚Herz-Lungen-Wiederbelebung‘, ‚Schockbekämpfung‘ müssen situationsabhängig durchgeführt werden. Wunden keimfrei bedecken. Für Körperruhe sorgen, vor Wärmeverlust schützen.
Nach Augenkontakt: Sofort unter Schutz des unverletzten Auges ausgiebig (mind. ca. 10 Minuten) bei geöffneten Lidern mit Wasser spülen.
Nach Hautkontakt: Benetzte Kleidung, auch Unterwäsche und Schuhe, sofort ausziehen. Haut mit viel Wasser spülen.
Nach Einatmen: Verletzten aus dem Gefahrenbereich bringen.
Nach Verschlucken: Sofortiges kräftiges Ausspülen des Mundes. Wasser in kleinen Schlucken trinken lassen. Arzt hinzuziehen.

SACHGERECHTE ENTSORGUNG

Nicht in Ausguss oder Mülltonne schütten!
Zur Entsorgung sammeln in: _____

Hinweis: Mit Inkrafttreten der **GHS-Verordnung** (Globally Harmonised System →
Einstufungs- und Kennzeichnungssystem für Chemikalien) am 20.01.2009 sind die
neuen Gefahrenpiktogramme in den Betriebsanweisungen zu verwenden.

Betriebsanweisungen umfassen folgende Inhalte:

- Arbeitsbereiche, Arbeitsplatz, Tätigkeit
- Gefahrstoffe (Bezeichnung)
- Gefahren für Mensch und Umwelt
- Schutzmaßnahmen, Verhaltensregeln
- Verhalten im Gefahrfall
- Erste Hilfe
- Sachgerechte Entsorgung

Musterbetriebsanweisungen oder automatisch generierte Betriebsanweisungen sind
an die betriebsspezifischen Gegebenheiten anzupassen und zu ergänzen. Bei ähnlicher
Gefährdung und vergleichbaren Schutzmaßnahmen kann es sinnvoll sein, nicht für
jeden einzelnen Gefahrstoff oder für standardisierte Arbeitsprozesse eine eigenstän-
dige Betriebsanweisung zu erstellen. Eine Zusammenfassung in Gruppen- oder Sam-
melbetriebsanweisungen ist möglich.

Eine schriftliche Betriebsanweisung kann entfallen, wenn eine Gebrauchsanweisung
gesetzlich vorgeschrieben ist und bereits die erforderlichen Informationen enthält,
wie bei Arzneimitteln oder Pflanzenschutzmitteln. Sind die Beschäftigten selbst sach-
kundig, kann die Unterweisung entsprechend angepasst werden.

Auf den beiden vorhergehenden Seiten ist jeweils eine Betriebsanweisung für Maschinen und eine Betriebsanweisung für Gefahrstoffe als Muster dargestellt.

2 Einzelbewertung der Gefährdungen

2.1 Alleinarbeit

(DGUV Vorschrift 1 §8(2), DGUV Regel 112-139, DGUV Information 212-139, GefStoffV §9(7))

Unter Alleinarbeit ist die Tätigkeit eines Beschäftigten zu verstehen, bei der der Beschäftigte keiner Aufsicht oder Kontrolle, hinsichtlich einer Notfallsituation, durch andere Personen unterliegt. *Alleinarbeit ist grundsätzlich nicht zulässig*, wenn die Arbeit zu einer Verletzung führen kann, die eine *sofortige* Hilfe durch eine *zweite* Person erforderlich macht.

Grundsätzlich sollte eine „gefährliche Arbeit" z.b.:

- Schweißen in engen Räumen,
- Befahren von Behältern oder engen Räumen,
- Arbeiten in gasgefährdeten Bereichen (z.b. Abwasserkanäle),
- bestimmte Arbeiten an elektrischen Anlagen und Betriebsmitteln,
- Arbeiten in brand- und explosionsgefährdeten Bereichen,
- Arbeiten mit der Motorsäge

nicht durch eine Person allein ausgeführt werden.

„Gefährliche Arbeiten" dürfen nur solchen Personen übertragen werden, die physisch (körperlich) und psychisch (geistig) für die durchzuführenden Arbeiten geeignet/qualifiziert und zum Zeitpunkt der Durchführung dieser Arbeiten gesund und uneingeschränkt einsetzbar sind. Der beauftragten Person sind alle Gefährdungen der durchzuführenden Tätigkeiten bekannt und sie ist über die Gefährdungen und die getroffenen Schutzmaßnahmen unterwiesen. Auf ein Improvisationsverbot ist *ausdrücklich* hinzuweisen!

> Die „Gefährlichkeit" einer Tätigkeit ist durch den Vorgesetzten durch eine *Risikobewertung* festzustellen!

Bei der Risikobewertung ist die Zeitdauer der Alleinarbeit nicht definiert, d.h. ob die alleinarbeitende Person den ganzen Arbeitstag allein arbeitet oder nur eine begrenzte Zeit, ständig, regelmäßig, ab und zu, wird nicht berücksichtigt. Aus dem Ergebnis der Risikobewertung muss sich die „Gefährlichkeit" der durchzuführenden Arbeiten und der Umfang der Überwachungsmaßnahmen feststellen lassen. Erforderliche Einschränkungen, (weitere) Schutzmaßnahmen und der Beginn von Hilfsmaßnahmen (Erste-Hilfe-Leistungen) müssen ersichtlich sein.

Die Risikobewertung enthält Angaben über:

- Die Gefährdungstätigkeiten (Beschreibung)
- Zusätzliche Beeinträchtigungen (z.b. Sichtverhältnisse, Fluchtmöglichkeiten, Gesundheitszustand, Konzentration, Zeitdruck)
- Das Gefährdungsrisiko (wahrscheinliche Verletzungsart, Handlungsfähigkeit)

Risikobewertung zur Alleinarbeit (Mustervorlage)

Stand: _____   Seite 1/2

Einzelarbeitsplatz:
(Bezeichnung, Beschreibung)

Arbeiten mit:
(Maschinen-/Gerätebezeichnung)

: :

Beauftragte Person (Name): _____

Beachtung: Alleinarbeit ist grundsätzlich **nicht zulässig**, wenn die Arbeit zu einer Verletzung führen kann, die eine **sofortige** Hilfe durch eine **zweite** Person erforderlich macht. Ist in **staatlichen** oder **berufsgenossenschaftlichen** Vorschriften die Einrichtung von Einzelarbeits-plätzen **nicht zulässig** (z.B. das Schweißen in brand-/explosionsgefährdeten Bereichen), darf dieses Verbot **nicht umgangen** werden. Ein **Verbot der Alleinarbeit** bleibt auch durch den Einsatz von **Personen-Notsignal-Anlagen** unberührt.

Gefährdungen (Beschreibung)	Beeinträchti-gungen (zusätzliche)	Gefährdungs-risiko (Handlungsfä-higkeit) wahrscheinliche Verletzungsart	Notfallwahr-scheinlichkeit (Eintrittswahr-scheinlichkeit)	Schutzmaß-nahmen (getroffene)	Maßnahmen* (zusätzliche)	Risiko (R) (GZ+EV) x NW

Risiko (R) =

(GZ+EV) x NW (R < 30 Alleinarbeit zulässig, R > 30 Alleinarbeit nicht zulässig)

* Für ein akzeptables Risiko darf der ermittelte Risikofaktor (R) einen Wert von 30 nicht überschreiten. Bei Überschreitung dieses Wertes sind zusätzliche organisatorische und technische Maßnahmen zur Risiko-minderung zu treffen, damit der Risikofaktor (R) einen Wert von 30 nicht überschreitet.

Anmerkung: Die mit der Alleinarbeit beauftragte Person ist **physisch** (körperlich) und **psychisch** (geistig) für die aufgeführten Arbeiten geeignet/ qualifiziert und **zum Zeitpunkt** der Durchführung dieser Arbeiten gesund und uneingeschränkt einsetzbar. Der beauftragten Person sind **alle Gefährdungen** der durchzuführenden Tätigkeiten bekannt. **Die beauftragte Person ist**, über alle Gefährdungen und die getroffenen/ zusätzlichen Schutzmaßnahmen, regelmäßig, bei Bedarf, mindestens einmal jährlich, **unterwiesen**. Auf ein **Improvisationsverbot** bei den Arbeiten wurde ausdrücklich hingewiesen!

Unterweisung durchgeführt am:

: :

Beauftragte Person: _____

Datum, Beurteiler: _____

Gefährdungsrisiko (Handlungsfähigkeit)

Gefährdungsstufe	Auswirkung	Gefährdungsziffer (GZ)
Gering	Geringe Verletzungen Die verunfallte Person **bleibt** handlungsfähig	1-3
Erhöht	Erhebliche Verletzungen Die verunfallte Person bleibt **eingeschränkt** handlungsfähig	4-6
Hoch (kritisch)	Schwere Verletzungen Die verunfallte Person ist **nicht mehr** handlungsfähig	7-10

Notfallwahrscheinlichkeit (Eintrittswahrscheinlichkeit)

Gefährdungsstufe	Notfall-Wahrscheinlichkeit	Bewertungsziffer (NW)
Gering	Es sind grundsätzlich **keine Notfälle** zu erwarten	1-3
Mäßig	Erfahrungsgemäß sind **Notfälle möglich**	4-6
Hoch*	Es ist unter normalen Umständen **mit Notfällen** zu rechnen	7-10

* Alleinarbeit ist nicht zulässig, wenn beim Vorliegen einer kritischen Gefährdung die Wahrscheinlichkeit eines Notfalles als hoch eingestuft wurde.

Zeitintervall der „Erste Hilfe" Maßnahmen

Beginn der Hilfsmaßnahmen	Bewertungsziffer (EV)
Weniger als 5 Minuten	0
5 – 10 Minuten	1
10 – 15 Minuten	2

Beträgt die Zeit bis zum Beginn von Hilfsmaßnahmen mehr als 15 Minuten, ist die Effektivität der Rettungskette nicht mehr gewährleistet.

- Die Notfallwahrscheinlichkeit (Eintrittswahrscheinlichkeit)
- Die getroffenen Schutzmaßnahmen (Ableitung aus den Gefährdungstätigkeiten)
- Die zusätzlichen Maßnahmen (z.b. Begrenzung der Arbeits-/Einsatzzeit, zusätzl. PSA)
- Den Beginn der Hilfsmaßnahmen (Erste Hilfe)
- Die Zulässigkeit/Nichtzulässigkeit der Alleinarbeit

Bei einer **geringen** Gefährdung ist eine Überwachung von Einzelarbeitsplätzen grundsätzlich nicht erforderlich (z.b. Büroarbeiten, Überwachungsaufgaben am Monitor). → **Die verunfallte Person bleibt handlungsfähig.**

Bei einer **erhöhten** Gefährdung ist eine Überwachung des Einzelarbeitsplatzes, z.B. durch Kontrollgänge oder Kontrollanrufe, erforderlich, da die allein arbeitende Person erhebliche bzw. akute Beeinträchtigungen der Gesundheit erleiden könnte. → **Die verunfallte Person bleibt eingeschränkt handlungsfähig.**

Bei einer **kritischen (hohen)** Gefährdung ist eine ständige Überwachung erforderlich, z. B. durch eine zweite Person, eine Überwachungskamera oder eine Personen-Notsignal-Anlage. → **Die verunfallte Person ist nicht mehr handlungsfähig.**

Alleinarbeit ist nicht zulässig, wenn beim Vorliegen einer kritischen Gefährdung die Wahrscheinlichkeit eines Notfalles als hoch eingestuft wurde. Ist in staatlichen oder berufsgenossenschaftlichen Vorschriften die Einrichtung von Einzelarbeitsplätzen nicht zulässig (z.b. das Einsteigen und Einfahren in Silos), darf dieses Verbot nicht umgangen werden. Ein Verbot der Alleinarbeit bleibt auch durch den Einsatz von Personen-Notsignal-Anlagen unberührt.

Arbeiten, bei denen eine ständige Überwachung durch eine zweite Person vorgeschrieben ist:

- Arbeiten an unter Spannung stehenden elektrischen Installationen
- Arbeiten mit Strahlenquellen außerhalb von Bestrahlungsräumen
- Arbeiten in Feuerungsräumen, Hochkaminen und Verbindungskanälen
- Arbeiten in Behältern und engen Räumen
- Arbeiten in Schächten, Gruben und Kanälen
- Einsteigen in Silos
- Abbrucharbeiten an Gebäuden
- Schweißarbeiten in brand- und explosionsgefährdeten Bereichen
- Arbeiten unter Druckluft und Taucherarbeiten
- Arbeiten an fließenden Gewässern
- Arbeiten in Untertagebauten in Erdgas führenden Gesteinsschichten
- Arbeiten an Bahngleisen

Arbeiten, die nur in Sichtverbindung und Rufweite zu anderen Personen ausgeführt werden dürfen:

- Waldarbeiten mit besonderen Gefahren (z.B. Motorsägearbeiten, Arbeiten in steilem Gelände, Holzrücken, Besteigen von Bäumen)

- Arbeiten an technischen Systemen im Sonderbetrieb (z.B. Einrichten, Beheben von Störungen, Instandhaltungsarbeiten)
- Arbeiten, bei denen die Gefahr besteht, von drehenden Teilen und Werkzeugen erfasst zu werden
- Arbeiten im Bereich von gewöhnlich unzugänglichen und deshalb ungesicherten Gefahrenstellen

Beispiele, Hinweise:

Gefährdungstätigkeit (Beschreibung)**:**
- **Ortsgebundene/ Ortsungebundene Arbeiten** (z.B. Arbeiten in einem bestimmten Raum/Gebäude, Arbeiten in verschiedenen Räumen/Gebäuden zu unbestimmten Zeiten)
- **Handwerkliche Arbeiten, Fahr-/Steuertätigkeiten, Überwachungs-/ Kontrollarbeiten**
- **Arbeiten unter besonderen Bedingungen** (z.B. unter Hitze/Kälte, auf Leitern/Tritten/Gerüsten, mit Groß-/Spezialfahrzeugen, in Arbeitsgruben, Gräben, auf Hängen, Waldarbeiten)

Zusätzliche Beeinträchtigungen:
- **Arbeitsumgebung** (z.B. Sichtverhältnisse, Zugangs-/Fluchtmöglichkeiten, Witterungseinflüsse, Lärm/Vibrationen)
- **Physiologische Faktoren** (z.B. Gesundheitszustand, Muskelarbeit, Arbeitsplatzmaße (enge Räume), Schicht-/Nachtarbeit)
- **Psychologische Faktoren** (z.B. Kommunikation, Konzentration, Informationsaufnahme/-verarbeitung, Zeitdruck, Stress)

Zusätzliche organisatorische und technische Maßnahmen:
- **Zusätzliche aufgabenspezifische Unterweisung**
- **Unterweisung im Verhalten bei Betriebsstörungen** (z.B. bei Austritt von Flüssigkeiten/Stäuben/Gasen, bei ungewöhnlichen Geräuschen)
- **Unterweisung im Verhalten in einer Notfallsituation** (z.B. Fluchtwegbeschreibung, Verhalten bei Entstehungsbränden)
- **Bereitstellung weiterer Erste-Hilfe-Einrichtungen/-maßnahmen**
- **Bereitstellung weiterer Notfalleinrichtungen/-maßnahmen** (z.B. Löschgerät, Warneinrichtungen)
- **Begrenzung der Arbeits-/Einsatzzeit**
- **Absperrungen** (z.B. Geländer, Absperrketten)
- **Absturzsicherungen** (z.B. Geländer, Absperrketten)
- **Bereitstellung von zusätzlicher PSA** (z.B. PSA zur Absturzsicherung)
- **Telefon**
- **Mobiltelefon** (Handy)
- **Kontrollanrufe/-gänge** (z.B. in bestimmten Zeitabständen oder Uhrzeiten)
- **Angabe des Arbeitsortes** (Aufenthalt)
- **Personen-Notsignalanlagen**

   Achtung! Personen-Notsignalanlagen dürfen bei Einzelarbeitsplätzen, wenn der Beginn von Hilfsmaßnahmen **mehr als 15 Minuten** beträgt, und mit **erhöhter** Gefährdung **und** mäßiger oder höherer Notfallwahrscheinlichkeit, und bei Einzelarbeitsplätzen mit **kritischer** Gefährdungsstufe **nicht eingesetzt** werden.

Auswahlkriterien

Einrichtungen Gefährdungen	geringe	erhöhte Gefährdung	besondere
Leitungsgebundenes Telefon	X		
Leitungsgebundene Hilferufanlage	X	X	
Leitungsgebundenes Telefon mit Handsender[1]	X	X	
Schnurloses Telefon ohne oder mit Ruftaste[2]	X	X	
Funktelefon ohne oder mit Ruftaste	X	X	
Sprechfunkgerät	X	X	
Sprechfunktaste mit Nottaste (willensabhängig)	X	X	
Sprechfunkgerät mit Lagealarm (willensunabhängig)	X	X	X
Videoeinrichtung[3]	X	X	X
Akustische Warneinrichtung[4]	X	X	X
Gaswarngeräte mit willensunabhängiger Alarmübermittlung	X	X	X
Personen-Notsignalanlagen (gemäß DGUV Regel 112-139)	X	X	X

DGUV Regel 112-139
[1] „Notruffinger"
[2] vorprogammierte Rufnummer
[3] Dauerüberwachung
[4] nur örtlich begrenzt einsetzbar aufgrund der Reichweite des akustischen Signals

Folgende Einsatzregeln sind zu beachten:
1. Die Benutzer müssen über den Einsatz der Geräte unterwiesen sein.
2. Die Wirksamkeit der geplanten Rettungsmaßnahmen muss durch Alarmübungen geprüft werden.
3. Es muss sichergestellt sein, dass auf Notrufe unverzüglich reagiert werden kann.
4. Vor jeder Inbetriebnahme muss durch Funktionstest und Besichtigung der einwandfreie Zustand der Geräte geprüft werden.

2.2 Gefährdung durch Arbeitsmittel

2.2.1 Allgemeine Schutzmaßnahmen und Verhaltensregeln

Technische (Beispiele):

- Sicherungseinrichtungen an den Arbeitsmitteln sind angebaut und voll funktionsfähig.
- Technisch voll funktionsfähige Schutzeinrichtungen (z.b. Absauganlagen, technische Raumlüftungen, Absturzsicherungen) bestimmungsgemäß einschalten/benutzen.
- Nur Arbeitsmittel mit CE/GS/VDE-Kennzeichnung und festgestellter Betriebssicherheit (vor der Ersten Inbetriebnahme und regelmäßig wiederkehrender protokollierter Prüfung und nicht mit überschrittener Prüffrist) verwenden.
- Sicherheitstechnische Bewertung der Arbeitsmittel durchführen (Festlegung von Prüffristen, Art und Umfang der Prüfungen, und Anforderungen an die befähigte Person zur Prüfungsdurchführung).
- Wartungsintervalle, rechtzeitigen Austausch von Verschleißteilen beachten!

Organisatorische (Beispiele):

- Betriebsanleitungen/-anweisungen sind zu lesen und zu beachten!
- Beachtung der im Arbeitsbereich gegebenen Anweisungen. Hierzu gehören auch Aushänge und Verbots-, Warn-, Gebots- und Hinweisschilder.
- Beachtung der angebrachten Hinweise/Gefahrensymbole auf den Arbeitsmitteln!
- Eigenmächtige Umbauten und Veränderungen sind verboten!
- Arbeiten an/mit Arbeitsmitteln nur bestimmungsgemäß und erst nach Unterweisung durch den zuständigen Vorgesetzten.
- Mitarbeiterunterweisungen mind. einmal jährlich und bei Bedarf über die Gefährdungen am Arbeitsplatz und im Umgang/Arbeiten mit Arbeitsmitteln durchführen (Dokumentation).
- Verbot der Alleinarbeit bei Arbeiten mit hohen (kritischen) Gefährdungen beachten! (z.b. Arbeiten mit der Motorsäge, in Hochspannungsbereichen, in explosionsgefährdeten Bereichen)
- Unbefugte Personen aus dem Gefahrenbereich der Arbeitsmittel fernhalten!
- Vor der Inbetriebnahme der Arbeitsmittel sind diese auf erkennbare Beschädigungen zu prüfen (Sichtkontrolle).
- Bei festgestellten Mängeln ist der Vorgesetzte sofort zu informieren und das Arbeitsmittel bis zur Instandsetzung zu kennzeichnen und sicher außer Betrieb zu nehmen.
- Bei Betriebsstörungen, die die Betriebssicherheit der Arbeitsmittel beeinflussen und/ oder Gesundheits-/Umweltgefährdungen verursachen, ist unter Beachtung aller Sicherheitsvorkehrungen der Betrieb/Weiterbetrieb sofort einzustellen und der Vorgesetzte zu informieren. Auf die Betriebsstörung ist sicher, gekennzeichnet und dauerhaft hinzuweisen.

- Rauchen, Feuer und offenes Licht sind, soweit sie für den Arbeitsprozess mit den Arbeitsmitteln nicht zwingend erforderlich oder erlaubt sind, verboten!
- Arbeitsstoffe sind sparsam, richtig dosiert (siehe Etikett, Gebrauchsinformation auf dem Gebinde) und nur bestimmungsgemäß zu verwenden. Gebinde nicht offen stehen lassen. Keine Vorratsmengen am Arbeitsplatz vorhalten.
- Keine Nahrungsmittel und Getränke im Arbeits- und Lagerraum aufbewahren.
- Arbeitsstoffe nur im Originalgebinde oder in geeigneten unverwechselbaren, leicht zu identifizierenden, gekennzeichneten dicht schließenden Behältnissen aufbewahren!
- Vorgeschriebene max. zulässige Arbeits-/Einsatzzeiten (z.B. mit vibrationserzeugenden Arbeitsmitteln) beachten!
- Ordnung und Sauberkeit am Arbeitsplatz beachten!
- Umweltschutz beachten: Arbeitsmittel sachgerecht entsorgen (z.B. Verwertungsgut, duales System, Materialtrennung), wasser-/umweltgefährdene Stoffe nicht in Gewässer, Kanalisation, ins Erdreich oder Atmosphäre gelangen lassen.

Persönliche (Beispiele):

- Benutzung der bereitgestellten, geeigneten, vollständigen und voll funktionsfähigen persönlichen Schutzausrüstung (PSA).
- Auf Schutz/Sicherheit von Hilfspersonal achten! Auch Hilfspersonal trägt geeignete PSA!
- Vor Arbeitsbeginn Ringe, Ketten, Schmuck ablegen.
- Bei langen Haaren Haarnetz/Mütze tragen, wenn z.B. Gefährdungen des Erfassens bestehen.
- Auf gute Arbeitsplatzbeleuchtung achten!
- Zwangshaltungen vermeiden!
- Auf sicheren Stand achten!
- Mit Konzentration und Aufmerksamkeit arbeiten.
- Zweckmäßige Erholungspausen einlegen.

2.2.2 Prüfungen von Arbeitsmitteln
(BetrSichV §3, 5, 14, TRBS 1111, 1201)

Der Arbeitgeber hat bei der Durchführung der Gefährdungsbeurteilung auch, und insbesondere, die Gefährdungen zu berücksichtigen, die mit der Benutzung der Arbeitsmittel selbst verbunden sind und die am Arbeitsplatz durch Wechselwirkungen der Arbeitsmittel untereinander oder mit Arbeitsstoffen (z.B. Hilfs-/Betriebsstoffe, Reinigungs-/Desinfektionsmittel) oder der Arbeitsumgebung hervorgerufen werden.

Hinweis: Arbeitsmittel im Sinne der BetrSichV sind Werkzeuge, Geräte, Maschinen oder Anlagen. Anlagen setzen sich aus mehreren Funktionseinheiten zusammen, die zueinander in Wechselwirkung stehen und deren sicherer Betrieb wesentlich von diesen Wechselwirkungen bestimmt wird; hierzu gehören auch überwachungsbedürftige Anlagen.

Dabei sind zu berücksichtigen:

- Stand der Technik
- Allgemeine (Schutz-) Maßnahmen (z.b. Sichtkontrolle auf erkennbare Beschädigungen, Schutzeinrichtungen sind angebaut und funktionsfähig, Bereitstellung/ Tragen von PSA)
- Art/Beschreibung der Gefährdungen und der getroffenen Schutzmaßnahmen im Umgang/Arbeiten mit dem Arbeitsmittel (z.B. elektr. Stromgefährdungen, Lärm, Vibrationen, Brand-/Explosionsgefährdungen)
- Einzelbewertung der auftretenden Gefährdungen
- Wirksamkeitsprüfung
- Anpassungspflicht

Der Arbeitgeber hat die nach den allgemeinen Grundsätzen des §4 des Arbeitsschutzgesetzes erforderlichen Maßnahmen zu treffen, damit den Beschäftigten nur Arbeitsmittel bereitgestellt werden, die für die am Arbeitsplatz gegebenen Bedingungen geeignet sind und bei deren bestimmungsgemäßer Benutzung Sicherheit und Gesundheitsschutz gewährleistet sind.

Um die sichere Funktion der Arbeitsmittel zu gewährleisten (CE-Kennzeichnung allein genügt nicht), hat der Arbeitgeber alle Arbeitsmittel, besonders prüfpflichtige Arbeitsmittel und überwachungsbedürftige Anlagen wiederkehrenden Prüfungen zu unterziehen. Dabei sind insbesondere Art, Umfang und Fristen erforderlicher Prüfungen zu ermitteln. Prüfungen zählen zu den vom Arbeitgeber im Rahmen der Gefährdungsbeurteilung ermittelten Maßnahmen für die sichere Bereitstellung und Benutzung der Arbeitsmittel.

Der Arbeitgeber hat weiter die notwendigen Voraussetzungen zu ermitteln und festzulegen, welche die Personen erfüllen müssen, die von ihm mit der Prüfung oder Erprobung von Arbeitsmitteln zu beauftragen sind (z.B. Berufsausbildung, Berufserfahrung, zeitnahe berufliche Tätigkeit und erforderliche Fachkenntnisse).

Die Festlegung der Prüfungen von **Arbeitsmitteln** sollte beinhalten:

- die Unterlagen zur Prüfung (z.B. Betriebsanleitungen, Herstellerunterlagen)
- die Nutzungsdauer
- die Beanspruchung
- die Störungen
- die Störungsursachen
- die Störungsbewertung
- den Prüfungsumfang
- die mit der Prüfung beauftragte Person
- die Festlegung der Prüffristen
- die Dokumentation der Prüfung

Die Festlegung der Prüffristen von besonders prüfpflichtigen Arbeitsmitteln und **überwachungsbedürftigen Anlagen** *sollte beinhalten:*

- Unterlagen zur Herstellung (z.b. Prüfbücher/-berichte, Herstellungsunterlagen, Betriebsanleitungen)
- Angewandte Regeln, Vorschriften, Normen
- Unterlagen zum Betrieb (z.b. Aufzeichnungen/Nachweise zu Wartungen/Störungen
- Beanspruchungen/Belastungen der Anlage/Anlagenteile
- Angaben zur bestimmungsgemäßen Verwendung (z.b. Aufstellungsort, Umgebungseinflüsse, Verarbeitungsverfahren)
- Außerplanmäßige Störungen/Reparaturen
- Zustand und Prüfergebnisse der Anlage/Anlagenteile
- Festlegung der Prüffristen
- Überprüfung der Prüffristen (wenn Prüfung durch z.b. ZÜS/Sachverständigen)

Achtung: Die in der BetrSichV oder anderen Verordnungen festgelegten Höchstfristen für die Prüfungen oder die vom Hersteller festgelegten Prüffristen dürfen nicht überschritten werden!

Hinweis: Die sicherheitstechnische Bewertung ist *nicht* mit der vorgeschriebenen Gefährdungsbeurteilung nach dem ArbSchG und der BetrSichV §3 zu verwechseln! In diesen Gefährdungsbeurteilungen werden nur die Gefährdungen im Umgang mit Arbeitsmitteln erfasst, die Einfluss auf das Leben und die Gesundheit von Personen haben, und die Maßnahmen, die zu treffen sind, diese Gefährdungen zu vermeiden oder vertretbar zu minimieren. Ob ein Beschäftigter z.B. Lärm ausgesetzt ist, wirkt sich **nicht** auf die Prüffristen aus.

Arbeitsmittel dürfen erst verwendet werden, nachdem

1. eine Gefährdungsbeurteilung durchgeführt wurde,
2. die dabei ermittelten Schutzmaßnahmen nach dem Stand der Technik getroffen wurden und
3. festgestellt ist, dass die Verwendung der Arbeitsmittel nach dem Stand der Technik sicher ist,
4. die Fristen für die wiederkehrenden Prüfungen so festgelegt sind, dass die Arbeitsmittel bis zur nächsten festgelegten Prüfung sicher verwendet werden können (d.h. nach Ablauf der Prüffrist kann nicht mehr grundsätzlich/zwingend davon ausgegangen werden, dass das Arbeitsmittel weiterhin sicher verwendet werden kann und kann folgend somit nicht weiter verwendet werden).

Festlegungen zur Prüfung von Arbeitsmitteln gem. §3 (6) und §14, BetrSichV

(Mustervorlage)

Arbeitsmittel: _____
(Herstellername, Typ / Modell, Geräte- / Seriennr.)

☐ ortsfest, _____

☐ ortsveränderlich

Unterlagen zur Prüfung:
(Herstellerunterlagen, z.B. Wartungs-/Prüfungsangaben, Bedienungsanleitung, Techn. Regeln, GUV – Regeln)

☐ Bedienungsanleitung

☐ Wartungs-/Prüfungshinweise: _____

☐ TR _____ Nr.: _____ , DGUV _____.Nr _____

☐ weitere Prüfvorschriften: _____

Nutzungsdauer:
(z.B. nach Auslegungsparameter/Herstellervorgaben)

☐ gering, _____

☐ normal (bestimmungsgemäß)

☐ hoch, _____

Beanspruchung:
(z.B. nach Auslegungsparameter/Herstellervorgaben)

☐ gering, _____

☐ normal (Normalbetrieb, bestimmungsgemäß)

☐ hoch, _____

Seite 1/4

Störungen:
(nicht bestimmungsgemäß, z.B. Ausfälle, Fehlermeldungen, Leistungsmangel)

Intervall (Zeitraum):

☐ keine Störungen

☐ selten, _____

☐ immer wieder, _____

☐ ständig, _____

☐ Sonstiges: _____

Art und Beschreibung/Ursache der Störung:

Störung	Bewertung der Gefährdung G	Beschreibung/Ursache

Gefährdung (G)	keine	niedrig	mittel	hoch
Bewertung:	0	1 – 3	4 – 7	8 – 10

Anmerkung: Mit der Bewertung der Gefährdung wird das Risiko für die Gesundheit und das Leben der Personen (z.B. Bediener, Nutzer), die mit dem Arbeitsmittel arbeiten/Kontakt haben, bewertet.

Seite 2/4

43

Prüfungen:

Prüfung	Art und Umfang/Tiefe
Elektrisch	Sichtkontrolle:
	Funktionsprüfung:
	Messung:
Mechanisch	Sichtkontrolle:
	Funktionsprüfung:
	Messung:
Hydraulisch Pneumatisch	Sichtkontrolle:
	Funktionsprüfung:
	Messung:
weitere:	

Prüfung durch bestellte befähigte Person:

Befähigungsgrad:

☐ 1, entspricht der täglichen Prüfung vor Inbetriebnahme eines Arbeitsmittels

☐ 2, entspricht der Befähigten Person nach TRBS 1203

☐ 3, entspricht dem Sachverständigen nach TRBS 1203

Anmerkung: zu 1: Da Arbeitsmittel **nur von ausdrücklich beauftragten** Beschäftigten benutzt werden dürfen, ist eine Regelung hinsichtlich der täg-
lichen Prüfung vor Inbetriebnahme eines Arbeitsmittels zu treffen
(z.B. tägl. Prüfung durch den underwiesenen **Benutzer**).

zu 2, 3: Die prüfende Person sollte durch ihre Berufsausbildung, ihre Berufserfahrung und ihre zeitnahe berufliche Tätigkeit über die erforderlichen Fachkenntnisse zur Prüfung des Arbeitsmittels verfügen.

Seite 3/4

Festlegung der Prüffristen:

Prüffrist:

☐ vor jeder Inbetriebnahme

☐ arbeitstäglich

☐ wöchentlich

☐ monatlich

☐ jährlich

☐ Festlegung durch Befähigte Person: _____ *

*Anmerkung: Die **Herstellerangaben** zu den Prüffristen sind zwingend zu beachten! Die **Höchstfristen** der Prüfintervalle aus den zu beachtenden Vorschriften (z.B. BetrSichV, DGUV – Regeln) müssen eingehalten werden!

Dokumentation der Prüfungen:

Aufzeichnungen/Bescheinigungen der Ergebnisse* der durchgeführten Prüfungen befinden sich in der Prüfungsakte zum Arbeitsmittel.

Das Prüfprotokoll sollte grundsätzliche Angaben enthalten über:

1. Datum und Umfang der Prüfung mit Angabe eventuell noch ausstehender Teilprüfungen,

2. Ergebnis der Prüfung mit Angabe der festgestellten Mängel,

3. Beurteilung, ob dem Weiterbetrieb Bedenken entgegenstehen,

4. Angaben über notwendige Nachprüfungen,

5. Name und Anschrift des Prüfers.

Einsicht:

☐ vor Ort

☐ bei: _____

*Anmerkung: Die mind. **letzten 3 Ergebnisse** der durchgeführten Prüfungen sind nachweispflichtig!

Datum, Beurteiler: _____

Seite 4/4

45

2.2.3 Prüfungen von besonders überwachungsbedürftigen Anlagen

---

Festlegung der Prüffristen von besonders prüfpflichtigen Arbeitsmitteln und überwachungsbedürftigen Anlagen gemäß §15 und §16 BetrSichV

(Mustervorlage)

Anlage und Ort: Name der zu beurteilenden Anlage/Anlagenteile und genaue Angabe des Standortes (Bereich, Geb., Raum)

Betreiber: _____

Angaben zur Anlage/Anlagenteil:

1. **Verwendungszweck:** _____

2. **Hersteller:** _____

3. **Herstellungsjahr:** _____

4. **Herstell-/Geräte Nr.:** _____

5. **Techn. Daten:**
   (z.B.: max./min. Drücke, Drehzahlen, Geschwindigkeiten, zul. Temperaturen, Diagramme, Kategorien, elektr. Daten, Fluide/Fluidgruppen, Gewichte, Lastwechsel)

   •

Bemerkungen:

Seite 1/9

Festlegung der Prüffristen von besonders prüfpflichtigen Arbeitsmitteln und überwachungsbedürftigen Anlagen gemäß §15 und §16 BetrSichV

Vorliegende Unterlagen (zur Herstellung):

1. **Prüfbuch:** (mit Baumuster-, Bau- und (Druck-) Prüfbescheinigung)	ja	nein	unvollständig
2. **Konformitätserklärung des Herstellers/CE-Zeichen:**	ja	nein	unvollständig
3. **Betriebsanleitung des Herstellers:**	ja	nein	unvollständig
4. **Herstellungs-Unterlagen:** (Zeichnungen, Pläne, Abmessungen, Werkstoffe)	ja	nein	unvollständig
5. **weitere Bescheinigungen zur Herstellung:** (Prüfberichte, Prüfbescheinigungen, Zeugnisse, Zertifikate)	ja	nein	unvollständig
6. **Gefahrenanalyse des Herstellers:**	ja	nein	unvollständig
7. **Sonstiges:** _____	ja	nein	unvollständig

Bemerkungen:

- bei **Altanlagen:** Bau-und Prüfbescheinigungen
- bei **Neuanlagen:** Konformitätserklärung, CE-Zeichen, Betriebsanleitung

Seite 2/9

47

Festlegung der Prüffristen von besonders prüfpflichtigen Arbeitsmitteln und überwachungs- bedürftigen Anlagen gemäß §15 und §16 BetrSichV

Angewandte Techn. Regeln, DIN/VDE – Richtlinien/Normen, EG-Richtlinien:

1. Angewandtes Regelwerk: _____ (DIN/VDE Normen)	ja	nein	unvollständig
2. Rechtsverordnung: _____	ja	nein	unvollständig
3. EG-Richtlinien: _____	ja	nein	unvollständig
4. Techn. Regeln: _____	ja	nein	unvollständig
5. Sonstiges: _____	ja	nein	unvollständig

Bemerkungen:

Seite 3/9

Festlegung der Prüffristen von besonders prüfpflichtigen Arbeitsmitteln und überwachungsbedürftigen Anlagen gemäß §15 und §16 BetrSichV

Vorliegende Unterlagen (zum Betrieb):

1. Betriebsanweisung des Betreibers:	ja	nein	unvollständig
2. Aufzeichnungen zu Betrieb/Wartung:	ja	nein	unvollständig
3. Nachweise zu Änderungen/Reparaturen:	ja	nein	unvollständig
4. Aufzeichnung zu sicherheitsrelevanten Störungen:	ja	nein	unvollständig
5. Prüfbescheinigungen der letzten Prüfungen:	ja	nein	unvollständig
6. Gefährdungsbeurteilung des Betreibers:	ja	nein	unvollständig
7. Sonstiges: _____	ja	nein	unvollständig

Bemerkungen:

Seite 4/9

49

Festlegung der Prüffristen von besonders prüfpflichtigen Arbeitsmitteln und überwachungsbedürftigen Anlagen gemäß §15 und §16 BetrSichV

Betriebsweise/besondere Beanspruchungen:

1. **Wechselbeanspruchungen (mit vollen An-und Abfahrzyklen):** (z.B. wenn die Anlage/Gerät am Wochenende heruntergefahren wird)	ja	nein	unvollständig
2. **Belastungen durch Korrosion/Erosion** (Innen/Außen):	ja	nein	unvollständig
3. **Besondere Gefahren der Stofffreisetzung:**	ja	nein	unvollständig
4. **Thermische Gefährdungen** (z.B. Überhitzung):	ja	nein	unvollständig
5. **Besondere Anforderungen an die Bedienung:**	ja	nein	unvollständig
6. **Auflagen der zuständigen Behörde:**	ja	nein	unvollständig
7. **Sonstiges:** _____	ja	nein	unvollständig

Bemerkungen:

Seite 5/9

Festlegung der Prüffristen von besonders prüfpflichtigen Arbeitsmitteln und überwachungsbedürftigen Anlagen gemäß §15 und §16 BetrSichV

Angaben zur bestimmungsgemäßen Verwendung:

1. Anlage/Anlagenteil wird bestimmungsgemäß und ausschließlich in ihren Betriebsparametern betrieben

Folgende Betriebsparameter weichen von der bestimmungsgemäßen Verwendung ab:

2. Aufstellungsort/Lage verändert _____

3. Geändertes Verarbeitungsverfahren _____

4. Verwendung anderer Medien _____

5. Erhöhte Belastungen _____
   (durch z.B. Schwingungen, Drücke, Temperaturen, Lastwechsel, Gewichte, häufiger Transport, häufiger Limit-/Dauerbetrieb, längere Standzeiten, häufiges Öffnen/Schließen)

6. äußere Umgebungseinflüsse _____
   (z.B. Witterung, aggressive Atmosphäre, Verunreinigungen, Strahlung, Temperaturen, Staub)

7. Sonstiges: _____

Bemerkungen:

Festlegung der Prüffristen von besonders prüfpflichtigen Arbeitsmitteln und überwachungsbedürftigen Anlagen gemäß §15 und §16 BetrSichV

Außerplanmäßige Störungen, Wartungen, Reparaturen:

Keine außerplanmäßigen Vorkommnisse

Folgende außerplanmäßigen Störungen, Wartungen, Reparaturen sind an der Anlage/am Anlagenteil aufgetreten:
(Beschreibung was, wann, wo, wie oft außerplanmäßig auftrat)

-

Bemerkungen:

Seite 7/9

52

Festlegung der Prüffristen von besonders prüfpflichtigen Arbeitsmitteln und überwachungsbedürftigen Anlagen gemäß §15 und §16 BetrSichV

Zustand und Prüfergebnisse der Anlage/Anlagenteile:

Art und Ergebnis der (letzten) Prüfungen: _____

Inbetriebnahme-prüfung		Innere Prüfung		Druck-/Festig-keitsprüfung		Sonstige Prüfung
	Keine Mängel		Keine Mängel		Keine Mängel	Keine Mängel
	Geringe Mängel		Geringe Mängel		Geringe Mängel	Geringe Mängel
	Erhebliche Mängel		Erhebliche Mängel		Erhebliche Mängel	Erhebliche Mängel

Art der Mängel:
1. ...
2. ...
...
Beseitigung der Mängel:

erfolgt ☐   nicht erfolgt ☐

Bemerkungen:

Festlegung der Prüffristen

Für die wiederkehrende Prüfung der bewerteten Anlage/Anlagenteile schlägt der Betreiber folgende Prüffristen vor:

-

Ort, Datum: _____   _____
                                Verantwortlicher des Betreibers

Seite 8/9

53

Festlegung der Prüffristen von besonders prüfpflichtigen Arbeitsmitteln und überwachungsbedürftigen Anlagen gemäß §15 und §16 BetrSichV

Überprüfung der Prüffristen

Der Sachverständige stimmt den vom Betreiber vorgeschlagenen Prüffristen zu.

Der Sachverständige schlägt – abweichend vom Betreibervorschlag – folgende Prüffristen vor:

-

Bemerkungen:

Ort, Datum: _____   _____
                                          Sachverständiger der ZÜS

Seite 9/9

54

2.3 Arbeitsfreigabesystem bei und durch Instandhaltungsarbeiten

(TRBS 1112, 1112-1)

2.3.1 Instandhaltungsarbeiten

Je komplexer die Instandhaltungsarbeiten, desto größer ist die Gefahr, Gefährdungen zu übersehen oder falsch zu beurteilen. Zum Beispiel können Gefährdungen, abweichend vom Normalbetrieb des instand zu setzenden Arbeitsmittels, ausgehen durch:

* frei zugängliche Maschinenteile
* freigesetzte Gefahrstoffe beim Öffnen von Verschlüssen
* undefinierte Schaltzustände
* Wechselwirkungen mit anderen Bauteilen oder Arbeitsmitteln
* Gefährdung von Beschäftigten an benachbarten Arbeitsplätzen

Um eine systematische Sicherstellung von Schutzmaßnahmen bei der Instandhaltung von Arbeitsmitteln/Anlagen zu gewährleisten, ist ein strukturiertes Arbeitsfreigabesystem, auf der Grundlage einer ausführlichen Gefährdungsbeurteilung, erforderlich.

In diesem Arbeitsfreigabeverfahren ist sicherzustellen, dass:

* Verantwortlichkeiten festgelegt sind;
* eine Abstimmung und Koordination von Art und Umfang der Arbeiten durchgeführt worden ist;
* die tatsächlichen Umgebungsbedingungen am Arbeitsplatz bekannt sind;
* geeignete Arbeits- und Hilfsmittel bereitgestellt sind;
* zusätzliche Explosionsschutzmaßnahmen bei Instandhaltungsarbeiten in explosionsgefährdeten Bereichen, über die für den Normalbetrieb im Explosionsschutzdokument festgelegten Schutzmaßnahmen hinaus, getroffen sind;
* vor Beginn der Instandhaltungsarbeiten sich das instand zu setzende Arbeitsmittel in einem gefahrlosen Zustand befindet;
* während der Durchführung der Instandhaltungsarbeiten die Umsetzung und Wirksamkeit der getroffenen Maßnahmen kontrolliert wird. Ergeben sich dabei Abweichungen, die zusätzliche Gefährdungen verursachen, sind die Arbeiten bis zur Festlegung der weiteren erforderlichen Maßnahmen einzustellen;
* nach Abschluss der Arbeiten sich das instand gesetzte Arbeitsmittel wieder in einem sicheren und funktionsfähigen Zustand befindet und alle Arbeits- und Hilfsmittel entfernt wurden.

Im Zusammenhang mit der Instandhaltung und den durchzuführenden Arbeiten an den Arbeitsmitteln/Anlagen ist im Einzelfall zu entscheiden, welche notwendige Zusatzausbildung in welchem Umfang für die Beschäftigten erforderlich ist.

Weitergehende spezielle Fachkenntnisse können dabei durch interne oder externe Schulungen mit entsprechendem Nachweis (z.B. Einweisung/Unterweisung, Teilnahmebescheinigung, Prüfung) erworben oder durch Eigenstudium (z.B. Herstellerunterlagen) angeeignet werden.

Der Vorgesetzte entscheidet bei der Beauftragung der durchzuführenden Arbeiten, welcher Mitarbeiter, aufgrund seiner Ausbildung und Berufserfahrung, das erforderliche Fachwissen besitzt, um diese Aufgaben zuverlässig, sach- und fachgerecht durchführen zu können.

Vor Aufnahme der Tätigkeiten (Erstunterweisung) und weiter, über eine mindestens einmal jährlich durchzuführende Unterweisung auf der Grundlage der Gefährdungsbeurteilung, sind die Beschäftigten über die Gefährdungen und die getroffenen Schutzmaßnahmen bei der Instandhaltung, am Arbeitsplatz und im Umgang mit den dort vorhandenen und benutzten Arbeitsmitteln zu unterrichten.

2.3.2 Instandhaltungsarbeiten in explosionsgefährdeten Bereichen

(TRBS 1112-1)

Die Arbeitsfreigabe hat nach folgenden Vorgaben zu erfolgen:

1. In Abhängigkeit der Gefährdungsbeurteilung hat der Arbeitgeber ein Arbeitsfreigabesystem (z.B. Erlaubnisschein, schriftliche (Betriebs-)Anweisung, Arbeitsfreigabe i. S. d. § 14(2), Anhang I Nr. 1 GefStoffV, Muster siehe z.B. Anlage A 3.3 des Leitfadens zur Richtlinie 1999/92/EG1) vorzusehen. Der Erlaubnisschein kann sich auf mehrere Arbeitsbereiche beziehen, sofern gleichartige Arbeitsbedingungen bestehen und gleichartige wirksame Schutzmaßnahmen festgelegt sind.

2. Die Arbeitsfreigabe ist vor Beginn der Arbeiten von einer hierfür verantwortlichen Person zu erteilen.

Arbeiten in explosionsgefährdeten Bereichen sind gemäß den schriftlichen Anweisungen (§ 14(2), Anhang I Nr. 1 GefStoffV) des Arbeitgebers auszuführen. Ein Arbeitsfreigabesystem ist anzuwenden bei gefährlichen Tätigkeiten und Tätigkeiten, die durch Wechselwirkung mit anderen Arbeiten gefährlich werden können.

Die Arbeitsfreigabe ist vor Beginn der Arbeiten von einer hierfür verantwortlichen Person zu erteilen.

Während der Anwesenheit von Beschäftigten in explosionsgefährdeten Bereichen ist eine angemessene Aufsicht gemäß den Grundsätzen der Gefährdungsbeurteilung zu gewährleisten.

Arbeitsfreigabe für Instandhaltungsarbeiten

Arbeitsmittel/Anlage: _____

Aufsichtführender/Koordinator: _____

Art und Umfang der Arbeiten	Umgebungsbedingungen	G Gefährdungsfaktor	Schutzmaßnahmen	Ex-Schutzmaßnahmen zusätzliche	Arbeits- und Hilfsmittel
z.B.: Instandhaltungsarbeiten (Wartung, Inspektion, Instandsetzung) Störungssuche Erprobung Arbeiten/Zusammenarbeit mit Fremdfirmen (gemeinsame Beurteilung der Arbeitssituation)	z.B.: Arbeitsplatz (Außenbaustelle, Werkstatt, Gebäude, Halle) explosionsgefährdete Bereiche Brandschutz Alleinarbeit Zugänglichkeit Beleuchtung, Lärm, Lüftung Flucht- und Rettungswege Wechselwirkungen mit benachbarten Einrichtungen oder Arbeitsstoffen Qualifikation des Personals Unterweisung		technisch organisatorisch persönlich Wirksamkeitsüberprüfung der getroffenen Schutzmaßnahmen während der Instandhaltungsarbeiten		z.B.: Hilfs-und Betriebsstoffe Handbücher, Schaltpläne, Herstellerunterlagen geeignete (Spezial-) Werkzeuge Messgeräte/-einrichtungen Absauganlagen Betriebsanweisungen Aufstiegshilfen Krananlagen

Erlaubnisschein: erforderlich (siehe Anlage) / nicht erforderlich

Verantwortlicher: _____

Erlaubnisschein

**für Arbeiten in Behältern und engen Räumen
(DGUV Regeln 113-004 und 113-005)**

Arbeitsort/-stelle: _____

Art der Arbeiten: _____

Aufsichtsführender: _____

Sicherungsposten: _____

1. Schutzmaßnahmen gegen Stoffe/Sauerstoffmangel

Objekt/Arbeitsstelle ist:

    entleert   O nein   O ja

    gereinigt O nein   O ja

    gespült mit: _____

    abgetrennt durch: _____

_____

Freimessen:

Sofortanzeigegerät O nein O ja Typ: _____

Luftanalyse   O nein O ja Uhrzeit: _____

Ergebnis: _____

Lüftung: _____

Atemschutz erforderlich O nein O ja **Art:** _____

2. Schutzmaßnahmen gegen Absturz

_____

Persönliche Schutzausrüstungen: O nein O ja **System:** _____

Anschlagpunkt: _____

3. Maßnahmen zur Rettung

Persönliche Schutzausrüstungen:　O nein　O ja　System: _____

4. Explosionsschutz – Maßnahmen

　　　O nein　　O ja　　folgende: _____

　　　_____

5. Schutzmaßnahmen gegen elektrische Gefährdungen

　　　O nein　　O ja　　folgende: _____

　　　_____

6. Schutzmaßnahmen gegen mechanische Gefährdungen

　　　O nein　　O ja　　folgende: _____

　　　_____

7. Sonstige Schutzmaßnahmen

　　　_____

　　　_____

　　　_____

Alle festgelegten Schutzmaßnahmen (1 – 7) ausgeführt

Arbeiten freigegeben:　_____
　　　　　　　　　　Datum, Uhrzeit, Aufsichtführender

Festgelegte Maßnahmen
zur Kenntnis genommen:　_____
　　　　　　　　　　Sicherungsposten

Verlängerung der Erlaubnis

     O nein   O ja   bis _____

Überprüfung/Neufestlegung der Schutzmaßnahmen 1 – 7 erforderlich:

     O nein   O ja

folgende: _____ (siehe Anlage)

Freigabe erteilt: _____
                     Datum, Uhrzeit, Sicherungsposten   Datum, Uhrzeit, Aufsichtsführender

_____   _____

Datum, Leiter   **Datum, Unternehmer/Beauftragter**
                                     beteiligter Unternehmen

Maßnahmen aufgehoben, Arbeiten beendet:

_____   _____

Datum, Uhrzeit, Sicherungsposten   **Datum, Uhrzeit, Aufsichtführender**

Erlaubnisschein
für Schweiß-, Schneid-, Löt-, Auftau- und Trennarbeiten und verwandte Verfahren

Arbeitsort / -stelle Ausführender	Name: _____
Brand-/Ex-Bereiche	im Umkreis von ___ m, Höhe ___ m, Tiefe ___ m
Arbeitsauftrag (z.B. Konsole anschweißen)	
Art der Arbeiten	o Schweißen o Schneiden o Trennschleifen o Löten o Auftauen o andere:
Sicherheitsvorkehrungen Vor Beginn der Arbeiten	o Entfernen sämtlicher brennbarer/explosionsfähiger Gegenstände und Stoffe, auch Staubablagerungen, im **Umkreis von** _____ m und – soweit erforderlich – auch in angrenzenden Räumen. o Abdecken der gefährdeten brennbaren Gegenstände, z.B. Holzbalken, Holzwände und -fußböden, Kunststoffteile usw. o Abdichten der Öffnungen, Fugen und Ritzen und sonstigen Durchlässe mit nichtbrennbaren Stoffen. o Entfernen von Umkleidungen und Isolierungen. o Beseitigen der Ex-Gefahr in Behältern und Rohrleitungen. o Durchführung lufttechn. Maßnahmen nach EX-RL DGUV Regel 113-001 o Aufstellen von Gaswarngeräten, Ort: _____

Überwachung	**Überwachung der Sicherheitsmaßnahmen auf Wirksamkeit** Name: ___
Brandwache	**Aufhebung der Sicherheitsmaßnahmen** nach: ___ Stunden **Name:** ___ während der Arbeit: Name: ___ nach Beendigung der Arbeit: **Name:** ___ **Dauer:** ___
Alarmierung	Standort des nächstgelegenen **Brandmelders** ___ **Telefon** ___ **Feuerwehr Ruf-Nr.** ___
Löschgerät, -mittel	o Feuerlöscher mit: o Wasser o CO_2 o Pulver o gefüllte Wassereimer o angeschlossener Wasserschlauch o andere: ___

Erlaubnis: Die aufgeführten Sicherheitsmaßnahmen sind durchzuführen. Die Grundsätze der Prävention gemäß DGUV Vorschrift 1 und das Arbeitsschutzmerkblatt 1.4 sind zu beachten.

Datum	Unterschrift: Ausführender	Bauleiter oder Koordinator	Aufsichtsführender

2.4 Gefahrstoffe

Bei der Gefährdungsbeurteilung im Umgang mit Gefahrstoffen, siehe GefStoffV, sind folgende Punkte zu beachten:

1. gefährliche Eigenschaften der Stoffe oder Zubereitungen,

2. Informationen des Herstellers oder Inverkehrbringers zum Gesundheitsschutz und zur Sicherheit (z.B. Sicherheitsdatenblätter, techn. Merkblätter, Gebrauchsinformationen),

3. Ausmaß, Art und Dauer der Exposition unter Berücksichtigung aller Expositionswege; dabei sind die Arbeitsplatzgrenzwerte (AGW) und die Ergebnisse von durchgeführten Gefahrstoffmessungen zur Einhaltung von Arbeitsplatzgrenzwerten (AGW) zu berücksichtigen,

4. physikalisch-chemische Wirkungen (z.B. Brand-/Explosionsgefährdungen),

5. Möglichkeiten einer Substitution (Ersatzstoffprüfung),

6. Arbeitsbedingungen und Verfahren, einschließlich der Arbeitsmittel und der Gefahrstoffmenge, sowie möglicher Wechsel- oder Kombinationswirkungen bei Tätigkeiten/Vorhandensein unterschiedlicher Gefahrstoffe,

7. Arbeitsplatzgrenzwerte und biologische Grenzwerte,

8. Wirksamkeit der getroffenen oder zu treffenden Schutzmaßnahmen,

9. Schlussfolgerungen aus durchgeführten arbeitsmedizinischen Vorsorgeuntersuchungen,

10. Aufstellung/Führung eines Gefahrstoffverzeichnisses.

Hinweis: Bei der Gefährdungsbeurteilung sind auch Tätigkeiten mit Gefahrstoffen, die nicht gekennzeichnet sind oder die keinem Gefährlichkeitsmerkmal nach § 3a des Chemikaliengesetzes zugeordnet werden können, die aber aufgrund ihrer physikalischen, chemischen oder toxischen Eigenschaften und der Art und Weise, wie sie am Arbeitsplatz verwendet werden oder vorhanden sind, eine Gefährdung für die Gesundheit und die Sicherheit der Beschäftigten darstellen können, zu berücksichtigen.

Biologische Gefahrstoffe im Sinne des § 2 Abs. 1 der Biostoffverordnung werden nach dieser Verordnung und **nicht** nach der GefStoffV beurteilt.

2.4.1 Allgemeine Schutzmaßnahmen und Verhaltensregeln

Für den Umgang mit Gefahrstoffen gelten folgende allgemeine Verhaltensweisen (Beispiele):

- Betriebsanleitungen/Betriebsanweisungen und Sicherheitsdatenblätter/Herstellerangaben zu den Gefahrstoffen sind zu lesen und zu beachten!

- Gefahrstoffverzeichnis den Personen/Vertretern, die Umgang mit Gefahrstoffen haben, zur Einsicht bereitstellen.

- Arbeiten/Umgang mit Gefahrstoffen erst nach Unterweisung durch den zuständigen Vorgesetzten.

- Hinweise/Kennzeichnung (H-und P-Sätze/Gefahrenpiktogramme) auf den Gefahrstoffgebinden beachten!

- Bei Fragen/Problemen im Umgang mit Gefahrstoffen mit dem zuständigen Vorgesetzten sprechen.
- Verbot der Alleinarbeit bei Arbeiten mit hohen (kritischen) Gefährdungen durch Gefahrstoffe! (z.B. bei Arbeiten mit giftigen/sehr giftigen Stoffen oder Erstickungsgefährdungen).
- Benutzung der bereitgestellten, geeigneten, vollständigen und voll funktionsfähigen persönlichen Schutzausrüstung (PSA).
- Gefahrstoffe sparsam, richtig dosiert und nur bestimmungsgemäß verwenden.
- Keine Vorratsmengen am Arbeitsplatz vorhalten.
- Gebinde nicht offen stehen lassen.
- Beim Abfüllen/Umfüllen von Gefahrstoffen mit Konzentration, Aufmerksamkeit und Vorsicht arbeiten. Vorgeschriebene Sicherheitseinrichtungen/-maßnahmen beachten!
- Verschiedene Produktsorten nicht miteinander mischen (Ausnahmen: siehe Angaben im Sicherheitsdatenblatt/Herstellerangaben).
- Gefahrstoffe nur im Originalgebinde oder in geeigneten unverwechselbaren, leicht zu identifizierenden, gekennzeichneten dicht schließenden Behältnissen aufbewahren!
- Unbefugte aus dem Gefahrenbereich der Gefahrstoffe fernhalten!
- Während des Umgangs mit Gefahrstoffen keine Nahrungs- und Genussmittel zu sich nehmen.
- Keine Nahrungsmittel und Getränke im Arbeits- und Lagerraum aufbewahren.
- Rauchen, Feuer und offenes Licht sind, soweit sie für den Arbeitsprozess mit den Gefahrstoffen nicht zwingend erforderlich oder erlaubt sind, verboten!
- Verschüttete Gefahrstoffe sofort mit geeigneten Bindemitteln aufnehmen und sachgerecht entsorgen.
- Gefahrstoffe dürfen nicht in größeren Mengen und unverdünnt in Gewässer, Kanalisation, ins Erdreich oder in die Atmosphäre gelangen.
- Mit Gefahrstoff durchnässte Schutzkleidung sofort wechseln, und sachgerecht gekennzeichnet, verpackt entsorgen.
- Beim Ausziehen kontaminierter Schutzkleidung Atemschutz als letztes ablegen!
- Nach dem Arbeiten/Umgang mit Gefahrstoffen gründliche Körperpflege betreiben!
- Die Mitnahme von mit Gefahrstoffen kontaminierten Gegenständen ist streng verboten!
- Bei unkontrollierter Gefahrstofffreisetzung vorgesehene Notrufkette/Alarm auslösen. Sich im Gefahrenbereich befindliche Personen warnen und unter Beachtung von erforderlichen Sicherheitsmaßnahmen einen gesicherten Bereich aufsuchen. Soweit gefahrlos möglich, Anlagen/Maschinen/Geräte abschalten. Anweisungen beachten!

Allgemeine Schutzmaßnahmen beim Umgang mit Gefahrstoffen (Beispiele):

* Lagerstätten/-räume vorschriftsmäßig kennzeichnen. Der Zutritt Unbefugter ist verboten und durch geeignete Maßnahmen zu verhindern. Besonders gefährliche Gefahrstoffe (z.B. giftige/sehr giftige Stoffe) sind separat, besonders sicher, unter Verschluss zu halten (z.B. Gefahrstoffschrank). Zugang nur mit Erlaubnisschein!
* Zusammenlagerungsgebot und Lagertemperaturen beachten! (siehe Sicherheitsdatenblätter, Herstellerangaben)
* Max. zulässige Stapelhöhen beachten! (siehe Sicherheitsdatenblätter, Herstellerangaben)! Bei Regallagerung Absturzsicherungen anbringen und max. zulässige Regallast beachten!
* Lüftungstechnische Maßnahmen (z.B. Absauganlagen, Raumlüftungen) bestimmungsgemäß einsetzen. Ein vorgesehener Dauerbetrieb ist gegen ein ungewolltes Außerbetriebnehmen durch Dritte zu sichern. Der Ausfall der Schutzeinrichtung ist signaltechnisch anzuzeigen (optisch und/oder akustisch).
* Einsatz von Gas-/Gefahrstoffwarngeräten (z.B. in engen Räumen, abwassertechn. Anlagen).
* Einrichtung von Schwarz/Weiß-Bereichen.
* Bereitstellung von Notfalleinrichtungen (z.B. Erste-Hilfe-/Brandschutzeinrichtungen, Notduschen, Augenduschen).
* Regelmäßige Durchführung von Notfallübungen.
* Regelmäßige Prüfungen/Wartungen/Kontrollen von sicherheitstechnischen Schutzsystemen.
* Brand- und Explosionsschutzmaßnahmen beachten! (insbesondere: Zündquellen, Staubbildung/Staubablagerungen vermeiden)
* Ordnung und Sauberkeit am Arbeitsplatz beachten!

2.4.2 Beurteilung der Arbeitsbedingungen
(GefStoffV §8-11)

Bei der Beurteilung der Arbeitsbedingungen nach §5 des Arbeitsschutzgesetzes hat der Arbeitgeber zunächst festzustellen, ob die Beschäftigten Tätigkeiten mit Gefahrstoffen durchführen oder ob Gefahrstoffe bei diesen Tätigkeiten entstehen oder freigesetzt werden. Ist dies der Fall, so hat er alle hiervon ausgehenden Gefährdungen für die Gesundheit und Sicherheit der Beschäftigten unter folgenden Gesichtspunkten zu beurteilen:

* Informationsermittlung und Gefährdungsbeurteilung
* Grundsätze für die Verhütung von Gefährdungen (**Allgemeine** Schutzmaßnahmen)
* Grundmaßnahmen und ergänzende Schutzmaßnahmen bei Tätigkeiten mit hoher Gefährdung zum Schutz der Beschäftigten (**Zusätzliche** Schutzmaßnahmen)
* **Besondere** Schutzmaßnahmen bei Tätigkeiten mit krebserzeugenden, erbgutverändernden und fruchtbarkeitsgefährdenden Gefahrstoffen

- **Besondere** Schutzmaßnahmen gegen physikalisch-chemische Einwirkungen, insbesondere gegen Brand- und Explosionsgefahren
- Betriebsstörungen, Unfälle und Notfälle
- Unterrichtung und Unterweisung der Beschäftigten
- Arbeitsmedizinische Vorsorge
- Veranlassung und Angebot arbeitsmedizinischer Vorsorgeuntersuchungen
- Zusammenarbeit verschiedener Firmen

Hinweis: Anstelle des Schutzstufenkonzeptes (Schutzstufen 1 – 4) der vorherigen GefStoffV, das sich an der Kennzeichnung (EU-Gefahrensymbole) der Gefahrstoffe orientierte, werden jetzt aufeinander aufbauende Schutzmaßnahmenpakete (allgemeine, zusätzliche, besondere) eingeführt unter der Berücksichtigung der GHS-Verordnung. Zur konkreten Auswahl, Festlegung und Umsetzung der Maßnahmen müssen jedoch „vor Ort" weitere Entscheidungen getroffen werden.

2.4.2.1 Informationsermittlung und Gefährdungsbeurteilung

Der Arbeitgeber hat im Umgang mit Gefahrstoffen zu ermitteln und zu beurteilen:

- die gefährlichen Eigenschaften der Stoffe oder Zubereitungen
- Informationen des Herstellers oder Inverkehrbringers zum Gesundheitsschutz und zur Sicherheit, insbesondere im Sicherheitsdatenblatt
- Ausmaß, Art und Dauer der Exposition unter Berücksichtigung aller Expositionswege
- physikalisch-chemische Wirkungen
- Möglichkeiten einer Substitution (Ersatzstoffprüfung)
- Arbeitsbedingungen und Verfahren, einschließlich der Arbeitsmittel und der Gefahrstoffmenge
- Arbeitsplatzgrenzwerte und biologische Grenzwerte
- Wirksamkeit der getroffenen oder zu treffenden Schutzmaßnahmen
- Schlussfolgerungen aus durchgeführten arbeitsmedizinischen Vorsorgeuntersuchungen

Der Arbeitgeber darf eine Tätigkeit mit Gefahrstoffen erst aufnehmen lassen, nachdem eine Gefährdungsbeurteilung vorgenommen wurde und die erforderlichen Schutzmaßnahmen getroffen wurden. Die Gefährdungsbeurteilung darf nur von fachkundigen Personen durchgeführt werden. Verfügt der Arbeitgeber nicht selbst über die entsprechenden Kenntnisse, so hat er sich fachkundig beraten zu lassen. Fachkundige Personen können insbesondere der Betriebsarzt und die Fachkraft für Arbeitssicherheit sein. Der Arbeitgeber kann bei der Festlegung der Maßnahmen eine Gefährdungsbeurteilung übernehmen, die ihm der Hersteller oder Inverkehrbringer mitgeliefert hat, sofern er seine Tätigkeit entsprechend den dort gemachten Angaben und Festlegungen durchführt.

Umgang mit Gefahrstoffen
(Gefährdungsbeurteilung, Mustervorlage)

Stand: _____

Gefahrstoffbezeichnung: _____

Gefahrenpiktogramm:

Gefährliche Eigenschaften R/H-Sätze, SichDatBl, Herstellerangaben	Physikalische bzw. chem. Wirkungen R/H-Sätze, SichDatBl, Herstellerangaben	AGW (Arbeitsplatzgrenzwert)	Ausmaß, Art, Dauer der Exposition Zeit pro Arbeitstag: 8h	Arbeitsverfahren	Schutzmaßnahmen (getroffene) technische organisatorische persönliche (PSA)	Identifizierte Verwendung nach REACH zum SichDatBl	Stoffsicherheitsbericht (eigener) Anlage zum SichDatBl	G Gefährdungsfaktor	Vorsorgeuntersuchung A = Angebot P = Pflicht
z.B.: giftig, sehr giftig, allergen, sensibilisierend, chronisch, krebserregend, ätzend, reizend auf Haut, Augen, Atemorgane	z.B.: explosiv, hochentzündlich, entzündlich, selbstentzündlich, brandfördernd, Gasaustritt, Aerosolbildung, Staubbildung, hoher Dampfdruck, niedriger Flammpunkt		z.B.: großflächige Anwendung, Aerosolbildung, Staubbildung, Haut-/Augenkontakt möglich, Mischung/Kontakt mit anderen Stoffen, Zündquellen	z.B.: offene/geschlossene Verarbeitung, kalte/warme Verarbeitung, manuelle/maschinelle Verarbeitung (z.B. streichen, spritzen), Verwendung von Arbeitsmitteln/Anlagen	z.B.: Lüftung, Absaugung, Einsatzzeit, Erholungspausen, Schutzhandschuh, Schutzbrille, Atemschutz	Ja / Nein	Ja / Nein		

67

2.4.2.2 Grundsätze für die Verhütung von Gefährdungen: Allgemeine Schutzmaßnahmen

Die Gefährdung der Gesundheit und der Sicherheit der Beschäftigten bei Tätigkeiten mit Gefahrstoffen ist durch folgende Maßnahmen zu beseitigen oder auf ein Minimum zu reduzieren:

- Gestaltung des Arbeitsplatzes und der Arbeitsorganisation
- Bereitstellung geeigneter Arbeitsmittel für Tätigkeiten mit Gefahrstoffen und entsprechende Wartungsverfahren zur Gewährleistung der Gesundheit und Sicherheit der Beschäftigten bei der Arbeit
- Begrenzung der Anzahl der Beschäftigten, die Gefahrstoffen ausgesetzt sind oder ausgesetzt sein können
- Begrenzung der Dauer und des Ausmaßes der Exposition
- angemessene **Hygienemaßnahmen** (siehe **TRGS 500** Schutzmaßnahmen: Mindeststandards), insbesondere die regelmäßige Reinigung des Arbeitsplatzes
- Begrenzung der am Arbeitsplatz vorhandenen Gefahrstoffe auf die für die betreffende Tätigkeit erforderliche Menge
- geeignete Arbeitsmethoden und Verfahren, welche die Gesundheit und Sicherheit der Beschäftigten nicht beeinträchtigen, einschließlich Vorkehrungen für die sichere Handhabung, Lagerung und Beförderung von Gefahrstoffen und von Abfällen, die Gefahrstoffe enthalten, am Arbeitsplatz
- Identifizierbarkeit aller verwendeten Stoffe und Zubereitungen
- Innerbetriebliche Kennzeichnung **gefährlicher** Stoffe und Zubereitungen, die ausreichende Informationen über die Einstufung, über die Gefahren bei der Handhabung und über die zu beachtenden Sicherheitsmaßnahmen enthält
- Kennzeichnung der Apparaturen und Rohrleitungen, sodass mindestens die enthaltenen Gefahrstoffe sowie die davon ausgehenden Gefahren eindeutig identifizierbar sind
- Es ist sicherzustellen, dass durch Verwendung verschließbarer Behälter eine sichere Lagerung, Handhabung und Beförderung von Gefahrstoffen auch bei der Abfallentsorgung gewährleistet ist.
- Es ist sicherzustellen, dass Gefahrstoffe so aufbewahrt oder gelagert werden, dass sie weder die menschliche **Gesundheit** noch die **Umwelt** gefährden.
- Es ist sicherzustellen, dass Gefahrstoffe, die **nicht** mehr benötigt werden, und entleerte Behälter, die noch Reste von Gefahrstoffen enthalten können, sicher gehandhabt, vom Arbeitsplatz entfernt und sachgerecht gelagert oder entsorgt werden.
- Die Kontamination des Arbeitsplatzes ist so gering wie möglich zu halten.

> **Der Arbeitgeber hat die Funktion und die Wirksamkeit der technischen Schutzmaßnahmen regelmäßig, mindestens jedoch jedes dritte Jahr, zu überprüfen; das Ergebnis der Prüfung ist aufzuzeichnen.**

2.4.2.3 Zusätzliche Schutzmaßnahmen

Reichen die allgemeinen Schutzmaßnahmen nicht mehr aus, um Gefährdungen durch Einatmen, Aufnahme über die Haut oder Verschlucken entgegenzuwirken, sind zusätzliche Schutzmaßnahmen anzuwenden.

- Vorrangig hat der Arbeitgeber eine Substitution (Ersatzstoffprüfung) durchzuführen, d.h. er hat zu prüfen, ob für die jeweiligen Einsatzzwecke Ersatzstoffe verwendet werden können, die nicht oder weniger gefährlich sind, um die Gesundheit und Sicherheit der Beschäftigten zu gewährleisten. Ein Verzicht auf einen weniger gefährlichen Ersatzstoff ist schriftlich zu begründen.
- Ersatzlösungen prüfen und bevorzugen, d.h. die techn. Eignung der Ersatzlösung ist anhand von Produkt- oder Brancheninformationen festzustellen und die Gefährdungen des Ersatzstoffes oder Verfahrens sind mit dem ursprünglichen Gefahrstoff bzw. Verfahren zu vergleichen (z.B. aus dem Sicherheitsdatenblatt).
- a) Gestaltung geeigneter Verfahren und technischer Steuerungseinrichtungen sowie Verwendung geeigneter Arbeitsmittel und Materialien nach dem Stand der Technik
- b) Durchführung kollektiver Schutzmaßnahmen an der Gefahrenquelle, wie zum Beispiel angemessene Be- und Entlüftung und geeignete organisatorische Maßnahmen
- Sofern eine Gefährdung nicht durch Maßnahmen nach a) und b) verhütet werden kann, Durchführung von individuellen Schutzmaßnahmen, die auch die Anwendung persönlicher Schutzausrüstung (PSA) umfassen.
- Arbeitsplatzgrenzwerte müssen nach dem Stand der Technik eingehalten werden. Dies kann durch Arbeitsplatzmessungen oder durch andere gleichwertige Beurteilungsverfahren erfolgen. Die Messergebnisse sind aufzuzeichnen, aufzubewahren und den Beschäftigten und ihren Vertretern zugänglich zu machen.
  Hinweis: Wer Messungen durchführt, muss über die notwendige Fachkunde und über die erforderlichen Einrichtungen verfügen.
- Einhaltung der allgemeinen Schutzmaßnahmen
- Sorgfältige Auswahl der persönlichen Schutzausrüstung
- Getrennte Aufbewahrungsmöglichkeiten für Straßen- und Arbeitskleidung, sofern eine Gefährdung der Beschäftigten durch eine Verunreinigung der Arbeitskleidung zu erwarten ist
- Gefahrstofffreie Bereiche zum Essen und Trinken
- Lagerung giftiger oder sehr giftiger Stoffe unter Verschluss
- Zugangsbeschränkungen für Arbeitsbereiche. (Ausnahme: Tankstellen mit Otto-Kraftstoff)
- Sicherheitsvorkehrungen bei Alleinarbeit oder Zusammenarbeit mit verschiedenen Firmen treffen
- Maßnahmen treffen zur Gefahrenabwehr bei Betriebsstörungen, Unfällen und Notfällen.
- Information der Beschäftigten anhand von Betriebsanweisungen über die am Arbeitsplatz auftretenden Gefahrstoffe, Gesundheitsgefährdungen, Schutzmaßnahmen und das Verhalten bei Betriebsstörungen.

- Unterweisung neuer Mitarbeiter, vor der Aufnahme neuer Tätigkeiten, aus besonderem Anlass, mind. 1x jährlich über die am Arbeitsplatz auftretenden Gefahrstoffe, Gesundheitsgefährdungen, Schutzmaßnahmen und das Verhalten bei Betriebsstörungen. Die Unterweisung ist durch Unterschrift zu bestätigen.

- Arbeitsmedizinische Vorsorgeuntersuchungen und Beratung der Beschäftigten. Eine arbeitsmedizinische Untersuchung ist den Beschäftigten auf Wunsch zu ermöglichen, auch wenn die Arbeitsplatzgrenzwerte eingehalten werden, es sei denn, auf Grund der Beurteilung der Arbeitsbedingungen und der getroffenen Schutzmaßnahmen ist nicht mit einem Gesundheitsschaden zu rechnen.

2.4.2.4 Besondere Schutzmaßnahmen bei Tätigkeiten mit krebserzeugenden, erbgutverändernden und fruchtbarkeitsgefährdenden Gefahrstoffen

Besondere Schutzmaßnahmen gelten für krebserzeugende, erbgutverändernde oder fruchtbarkeitsgefährdende Gefahrstoffe der Kategorie 1 oder 2, *wenn der Arbeitsplatzgrenzwert nicht eingehalten wird.*

Folgende Maßnahmen sind durchzuführen:

- Abgrenzung der Gefahrenbereiche und Anbringung von Warn-und Sicherheitszeichen, einschließlich der Verbotszeichen „Zutritt für Unbefugte verboten" und „Rauchen verboten", in Bereichen, in denen Beschäftigte diesen Gefahrstoffen ausgesetzt sind oder ausgesetzt sein können.

- Messungen dieser Gefahrstoffe, insbesondere zur frühzeitigen Ermittlung erhöhter Exposition infolge eines unvorhersehbaren Ereignisses oder eines Unfalles.

- Sind bei bestimmten Tätigkeiten, insbesondere bei Abbruch-, Sanierungs-und Instandhaltungsarbeiten, alle möglichen technischen Schutzmaßnahmen zur Begrenzung der Schadstoff-Exposition ausgeschöpft, ist die Dauer der Exposition, nach Rücksprache mit den Beschäftigten oder ihrer Vertretung, so weit wie möglich zu verkürzen, um den Schutz der Beschäftigten während dieser Tätigkeit zu gewährleisten. Es ist den betreffenden Beschäftigten persönliche Schutzausrüstung zur Verfügung zu stellen, die sie während der gesamten Dauer der erhöhten Exposition tragen müssen. Dies darf nur von begrenzter Dauer sein und ist für jeden Beschäftigten auf das unbedingt erforderliche Mindestmaß zu beschränken.

- Einrichtung eines „Schwarz/Weiß-Bereiches" mit Dekontaminierungsmöglichkeiten.

- In Arbeitsbereichen darf die abgesaugte Luft nicht zurückgeführt werden. Ausnahme: unter Anwendung behördlicher oder berufsgenossenschaftlicher anerkannter Verfahren oder Geräte, die die belastete Luft so führen und reinigen, dass krebserzeugende, erbgutverändernde oder fruchtbarkeitsgefährdende Stoffe nicht in die Atemluft anderer Beschäftigter gelangt.

- Informationen zu vielen krebserzeugenden, erbgutverändernden oder fruchtbarkeitsgefährdenden Gefahrstoffen gibt es in den Technischen Regeln für Gefahrstoffe (TRGS). Hier finden sich stoff- und tätigkeitsbezogene Gefährdungsbeurteilungen und Schutzmaßnahmen, auf die in der betrieblichen Praxis unmittelbar zurückgegriffen werden kann. Weiterer Beratungsbedarf ist über qualifizierte, sach- und fachkundige Stellen einzuholen.

Anmerkung: Die besonderen Schutzmaßnahmen gelten nicht, wenn Arbeitsplatzgrenzwerte (AGW) veröffentlicht und eingehalten werden oder wenn Tätigkeiten nach verfahrens- und stoffspezifischen Kriterien (VSK) veröffentlicht und umgesetzt werden.

Nach Richtlinie 67/548/EWG, Anhang VI Allgemeine Anforderungen für die Einstufung und Kennzeichnung gefährlicher Stoffe und Zubereitungen werden diese Stoffe beim derzeitigen Stand der Kenntnisse in 3 Kategorien eingeteilt:

Kategorie 1:
Stoffe, die auf den Menschen bekanntermaßen krebserzeugend, erbgutverändernd oder fruchtbarkeitsgefährdend wirken. Der Kausalzusammenhang zwischen der Exposition eines Menschen gegenüber dem Stoff und der Entstehung ist ausreichend nachgewiesen.

Kategorie 2:
Stoffe, die als krebserzeugend, erbgutverändernd oder fruchtbarkeitsgefährdend für den Menschen angesehen werden sollten. Es bestehen hinreichende Anhaltspunkte zu der begründeten Annahme, dass die Exposition eines Menschen gegenüber dem Stoff die Entstehung erzeugen kann. Diese Annahme beruht im Allgemeinen auf folgendem:

• geeignete Langzeit-Tierversuche

• sonstige relevante Informationen

Kategorie 3:
Stoffe, die wegen möglicher krebserzeugender, erbgutverändernder oder fruchtbarkeitsgefährdender Wirkung beim Menschen Anlass zur Besorgnis geben, über die jedoch ungenügend Informationen für eine befriedigende Beurteilung vorliegen. Aus geeigneten Tierversuchen liegen einige Anhaltspunkte vor, die jedoch **nicht** ausreichen, um einen Stoff in Kategorie 2 einzustufen.

2.4.2.5 Besondere Schutzmaßnahmen gegen physikalisch-chemische Einwirkungen, insbesondere gegen Brand- und Explosionsgefährdungen

Der Arbeitgeber hat zur Vermeidung von Brand-/Explosionsgefährdungen Maßnahmen in der folgenden Ordnung durchzuführen:

1. Gefährliche Mengen oder Konzentrationen von Gefahrstoffen, die zu Brand- oder Explosionsgefahren führen können, sind zu vermeiden.

2. Zündquellen oder Bedingungen, die zu Bränden oder Explosionen führen können, sind zu vermeiden.

3. Schädliche Auswirkungen durch Brände oder Explosionen auf die Gesundheit und die Sicherheit der Beschäftigten sind so weit wie möglich zu verringern.

Anmerkung: Bei Tätigkeiten mit explosionsgefährlichen Stoffen oder organischen Peroxiden sind zusätzlich besondere Maßnahmen zu ergreifen, insbesondere verfahrenstechnische, organisatorische und bauliche Schutzmaßnahmen, einschließlich einzuhaltender Abstände. Die Vorschriften des Sprengstoffgesetzes und der darauf gestützten Rechtsvorschriften bleiben unberührt.

Hinweis: Der Arbeitgeber hat Explosionsgefährdungen in seinem Betrieb zu ermitteln und zu bewerten. Das Ergebnis ist in einem Explosionsschutzdokument (siehe GefStoffV §6) festzuhalten und besonders auszuweisen. Er hat dabei alle Vorkehrungen zu treffen, um die Ziele des Explosionsschutzes zu erreichen, insbesondere:

- dass die Explosionsgefährdungen ermittelt und einer Bewertung unterzogen worden sind,
- ob und welche Bereiche entsprechend in Zonen eingeteilt wurden,
- für welche Bereiche Explosionsschutzmaßnahmen getroffen wurden und
- welche Überprüfungen und welche Prüfungen zum Explosionsschutz durchzuführen sind.

2.4.2.6 Betriebsstörungen, Unfälle und Notfälle

Um den Schutz der Gesundheit und die Sicherheit der Beschäftigten bei einer Betriebsstörung, einem Unfall oder einem Notfall zu gewährleisten, legt der Arbeitgeber rechtzeitig Notfallmaßnahmen fest, die beim Eintreten eines derartigen Ereignisses angewendet werden müssen. Dies schließt die Durchführung von einschlägigen Sicherheitsübungen in regelmäßigen Abständen und die Bereitstellung angemessener Erste-Hilfe-Einrichtungen ein.

2.4.2.7 Unterrichtung und Unterweisung der Beschäftigten

Der Arbeitgeber stellt sicher, dass den Beschäftigten eine schriftliche Betriebsanweisung, die der Gefährdungsbeurteilung Rechnung trägt, in für die Beschäftigten verständlicher Form und Sprache zugänglich gemacht wird.

Der Arbeitgeber stellt sicher, dass die Beschäftigten anhand der Betriebsanweisung über auftretende Gefährdungen und entsprechende Schutzmaßnahmen mündlich unterwiesen werden. Die Unterweisung muss vor Aufnahme der Beschäftigung und danach mindestens jährlich arbeitsplatzbezogen durchgeführt werden. Sie muss in für die Beschäftigten verständlicher Form und Sprache erfolgen. Inhalt und Zeitpunkt der Unterweisungen sind schriftlich festzuhalten und vom Unterwiesenen durch Unterschrift zu bestätigen.

2.4.2.8 Arbeitsmedizinische Vorsorge

Im Rahmen der zu treffenden Maßnahmen hat der Arbeitgeber für eine angemessene arbeitsmedizinische Vorsorge zu sorgen. Sie umfasst die zur Verhütung arbeitsbedingter Gesundheitsgefahren erforderlichen arbeitsmedizinischen Maßnahmen.

Die arbeitsmedizinische Vorsorge umfasst in der Regel:

- die Begehung oder die Kenntnis des Arbeitsplatzes durch den Arzt
- die arbeitsmedizinische Befragung und Untersuchung der Beschäftigten
- die Beurteilung des Gesundheitszustands der Beschäftigten unter Berücksichtigung der Arbeitsplatzverhältnisse
- die individuelle arbeitsmedizinische Beratung
- die Dokumentation der Untersuchungsergebnisse

Veranlassung und Angebot arbeitsmedizinischer Vorsorge
Der Arbeitgeber hat arbeitsmedizinische Vorsorge (Angebots- oder Pflichtuntersuchungen) nach der Arbeitsmedizinischen Vorsorgeverordnung (ArbMed-VV) regelmäßig zu **veranlassen,**

Zusammenarbeit verschiedener Firmen
Werden für die Durchführung von Tätigkeiten mit Gefahrstoffen in einem Betrieb Fremdfirmen beauftragt, ist der Arbeitgeber als Auftraggeber dafür verantwortlich, dass für die erforderlichen Tätigkeiten nur Firmen herangezogen werden, die über die für die Tätigkeiten erforderliche besondere Fachkenntnis und Erfahrung verfügen. Der Arbeitgeber als Auftraggeber hat dafür zu sorgen, dass die Fremdfirma über die Gefahrenquellen und die spezifischen Verhaltensregeln informiert wird. Jeder Arbeitgeber hat seinen Verantwortungsbereich so zu organisieren, dass Maßnahmen getroffen werden, um betrieblichen Gefahren wirksam zu begegnen. Wenn im Rahmen des Fremdfirmeneinsatzes für Beschäftigte die Möglichkeit einer gegenseitigen Gefährdung besteht, ist vom Arbeitgeber, in dessen Betrieb die Tätigkeiten durchgeführt werden, vor der Aufnahme der Tätigkeiten ein Koordinator zu bestellen.

2.4.2.9 Gefahrstoffkennzeichnung und -beurteilung

Mit der Gefahrstoff-Beurteilungstabelle zur Ermittlungsunterstützung bei der Bestimmung des Gefährdungsfaktors (G) im Umgang mit Gefahrstoffen kann eine erste, unterstützende Zuordnung erfolgen.

Im Umgang mit Gefahrstoffen bestehen:

A   Gesundheitsgefährdungen

B   Brand – und Explosionsgefährdungen

C   Gefährdungen durch Freisetzung

D   Gefährdungen durch Arbeitsverfahren

Die relevanten, gefahrstoffbedingten Daten für einen bestimmten Gefahrstoff sind im dazugehörigen **Sicherheitsdatenblatt** angegeben, z.B.:

• H- und P-Sätze

• Aggregatzustand

• Flammpunkt / Siedepunkt

• Explosionsgrenzen

• Dampfdruck

Des Weiteren sind

• das Freisetzungsverhalten,

• die Verarbeitungstemperatur,

• die Verarbeitungsmenge/-konzentration,

• das Verarbeitungsverfahren und

• das zeitliche Vorhandensein

zu berücksichtigen.

Gegenüberstellung von EU- und GHS-Kennzeichnung für Gefahrstoffe

EU-Kennzeichnung			GHS-Kennzeichnung			
Gefahrensymbol	Gefahren-bezeichnung	Kennbuchstabe	Piktogramm	Bezeichnung	Kodierung	Signalwort
	Explosions-gefährlich	E		Explodieren-de Bombe	GHS01	Gefahr
	Hochend-zündlich	F+		Flamme	GHS02	Gefahr
	Leichtent-zündlich	F				
	Brandfördernd	G		Flamme über Kreis	GHS03	Gefahr
keine Entsprechung				Gasflasche	GHS04	Achtung
	Ätzend	C		Ätzwirkung	GHS05	Gefahr/ Achtung
	Sehr giftig	T+		Totenkopf mit gekreuzten Knochen	GHS06	Gefahr
	Giftig	T				
	Gesundheits-schädlich	Xn		Gesundheits-gefahr	GHS08	Gefahr
	Reizend	Xi		Ausrufezei-chen	GHS07	
	Umwelt-gefährlich	N		Umwelt	GHS09	Gefahr/ Achtung

Gefährdungsart	Hoch G = 8 – 10	Mittel G 0 4 – 7	Niedrig G = 1 – 3
A Stoffbedingte Gesundheitsgefahren	• tödlich bei Einatmen, Hautkontakt, Verschlucken (H300, H310, H330) • tödlich oder giftig bei Einatmen, Hautkontakt, Verschlucken (H300, H310, H311, H330, H331) • entwickelt bei Berührung mit Säure giftige Gase (EUH032) • verursacht schwere Verätzungen der Haut und Augenschäden (H314) • entwickelt bei Berührung mit Wasser oder Säure giftige Gase (EUH029, EUH031) • kann bei Einatmen Allergie, asthmaartige Symptome oder Atembeschwerden verursachen (H317, H334) • Gemische mit Stoffen, die bei Einatmen Allergie, asthmaartige Symptome oder Atembeschwerden verursachen (H317, H334) in Konzentrationen ≥ 1% (Gase ≥ 0,2%) • Krebs erzeugende Stoffe / Gemische Kat. 1 und 2 (H350) und Verdachtsstoffe (H351) • Erbgutverändernde Stoffe (H340) und Verdachtsstoffe (H371) • Fortpflanzungsgefährdende Stoffe der Kategorien 1 und 2 mit H36F oder H360D • Gemische mit den folgenden Massenanteilen: H350 > 0,1%; H360F, H360D > 0,5% (Gase 0,2%); H351, H371 >1%	• Gesundheitsschädlich bei Hautkontakt, Einatmen, Verschlucken oder giftig bei Hautkontakt, Verschlucken (H301, H302, H311, H312, H332) • kann Säuglinge über Muttermilch schädigen (H362) • verursacht schwere Verätzungen der Haut und Augenschäden (H314, pH > 11,5, pH <2) • Verursacht schwere Augenschäden (H318) • Nichttoxische Gase, die durch Luftverdrängung zu Erstickung führen können • Kann vermutlich die Fruchtbarkeit beeinträchtigen oder das Kind im Mutterleib schädigen (H360D, H361f,) • Zubereitungen, die solche Stoffe mit Masseanteilen > 5%, bei Gasen > 1% enthalten	• Verursacht schwere Augenreizung, Hautreizungen, kann Atemwege reizen (H315, H319, H335) • Hautschädigung bei Feuchtarbeit • kann bei Verschlucken und Eindringen in die Atemwege tödlich sein (H304) • Wiederholter Kontakt kann zu spröder oder rissiger Haut führen (EUH066) • Kann Schläfrigkeit und Benommenheit verursachen (H336) • Auf sonstige Weise chronisch schädigend (kein H-Satz vorhanden)

Gefährdungsart	Hoch G = 8 – 10	Mittel G 0 4 – 7	Niedrig G = 1 – 3
	• Stoffe, die die Organe schädigen können (H373) • Stoffe oder Gemische auch hautresorptiv		• Schwer entzündliche Stoffe / Gemische, Flammpunkt 55 – 100 °C (und höher)
B Stoffbedingte Brand- und Ex-Gefahren	• Explosionsgefährliche Stoffe / Gemische (H200, H201, H202, H203, H204, H205) • Extrem entzündbares bzw. entzündbares Gas, Aerosol, extrem entzündbare Flüssigkeit und Dampf (H220, H221, H222, H223, H224) • Gerät in Berührung mit Luft selbsttätig in Brand (H250) • Flüssigkeit und Dampf leicht entzündbar, entzündbarer Stoff (H225, H228) • In Berührung mit Wasser entstehen selbstentzündbare bzw. entzündbare Gase (H260, H261) • Erwärmung kann Brand verursachen, kann Brand oder Explosion verursachen, (starkes) Oxidationsmittel (H242, H270, H271, H272) • In trockenem Zustand explosionsgefährlich, Erwärmung kann Brand oder Explosion verursachen, mit und ohne Luft explosionsfähig, reagiert heftig mit Wasser, kann bei Verwendung explosionsfähige/ entzündbare Dampf/Luft-gemische bilden, kann explosionsfähige Peroxide bilden, kann die Organe schädigen, Explosionsgefahr bei Erhitzen unter Einschluss (EUH001, EUH006, EU014, EUH018, EUH019, EUH044, H240, H241, H242, H373)	• Flüssigkeit und Dampf leicht entzündbar (falls Flammpunkt < 23 °C), entzündbar (falls Flammpunkt ≥ 23 °C)	

Gefährdungsart	Hoch G = 8 – 10	Mittel G 0 4 – 7	Niedrig G = 1 – 3
C Gefahren durch Freisetzungsverhalten	• Gase • Flüssigkeiten mit einem Dampfdruck über 50 hPa (oder Siedepunkt < 65 °C) • Aerosole • Staubende Feststoffe mit feiner Körnung (Staub verbleibt längere Zeit, d.h. mehrere Minuten in der Luft)	• Flüssigkeiten mit einem Dampfdruck 10 – 50 hPa (oder Siedepunkt 65 – 100 °C, Ausnahme Wasser) • Gröbere Stäube (setzen sich nach kurzer Zeit ab)	• Flüssigkeiten mit einem Dampfdruck unter 10 hPa (oder Siedepunkt > 100°C) • Sehr grobes Material, Pellets, Granulate, Wachse
D Gefahren durch das Verfahren (AT = Arbeitstemperatur, Fp = Flammpunkt, Sdp = Siedepunkt)	• Offene Verarbeitung, größere Stoffmengen, Tätigkeitsdauer > 15 Minuten pro Tag • Versprühen, Vernebeln • Möglichkeit des direkten Hautkontaktes, Dauer > 15 Minuten • AT > Fp • AT > (Sdp – 10)/2	• Geschlossene Verarbeitung mit Expositionsmöglichkeiten, z.B. beim Abfüllen, bei der Probenahme, Beschickung von Anlagen etc. • AT zwischen den beiden genannten SDP-Bereichen (kleiner (Sdp – 10)/2 aber höher als Sdp/5	• Geschlossene, dichte Anlage • Geschlossene Anlage mit Absaugung an den Austrittsstellen • Offene Verarbeitung: kleine Stoffmengen (g/ml), kleine Quellflächen (wenige cm²), Tätigkeitsdauer < 15 Min., Hautkontakt gering (< 15 Min.), keine Aerosolbildung • AT < Fp – 5 (reine Flüssigkeiten) • AT < Fp – 15 (Flüssigkeitsgemische) • AT < Sdp/5

Anmerkung: für die dermale Gefährdung in den Stoffkategorien sind die folgenden H-Sätze zu berücksichtigen: EUH066, EUH070, H300, H310, H311, H312, H314, H315, H318, H319, H317 H372, H373; Alle chronisch wirkenden Gefahrstoffe sollten auch als dermale Gefährdung betrachtet werden, sofern keine anderen Angaben vorhanden sind.

Die sich daraus ergebenen Gefährdungen sind zunächst getrennt zu bewerten und werden anschließend, **unter Beachtung einer Gewichtung** (Vorrang), insbesondere

- des **Verarbeitungsverfahrens** und dem
- zeitlichem Vorhandensein der **Gefahrstoffmenge/-konzentration,**

zu einem **gemeinsamen Gefährdungsfaktor (G)** zusammengeführt.

$$G = (2xG_{\text{Verfahren}} + G_{\text{Stoff}} + G_{\text{Freisetzung}}) /4 \quad (2x = \text{Gewichtungsfaktor})$$

(Der Gewichtungsfaktor von 2 sollte nicht größer/nicht kleiner gewählt werden, um eine Über-/Unterbewertung der entsprechenden Gefährdungsgewichtung zu vermeiden.)

Hinweis: Sind innerhalb der Beurteilungstabelle, in den Zeilen A – D, Mehrfachbelegungen vorhanden, ist grundsätzlich der höhere Gefährdungsfaktor zu verwenden.

2.4.2.10   Gefahrstoffverzeichnis

(GefStoffV §6(12))

Der Arbeitgeber ist verpflichtet, ein Verzeichnis aller Gefahrstoffe zu führen, mit denen im Betrieb umgegangen wird bzw. die freigesetzt werden können. Gefahrstoffe, die im Hinblick auf ihre gefährlichen Eigenschaften und Mengen keine Gefährdung für die Beschäftigten darstellen, bleiben unberücksichtigt und müssen im Gefahrstoffverzeichnis nicht aufgeführt werden.

Das Gefahrstoffverzeichnis muss mindestens folgende Angaben enthalten:

- Bezeichnung des Gefahrstoffes (Handelsname)
- Verweis auf das Sicherheitsdatenblatt (SichDatBl) des jeweiligen Gefahrstoffes
- Angabe der gefährlichen Eigenschaften (Gefahrensymbole/-piktogramme, R/H-Sätze)
- Arbeitsplatzgrenzwerte und biologische Grenzwerte
- Wirksamkeit der getroffenen oder zu treffenden Schutzmaßnahmen
- Mengenbereiche des Gefahrstoffes, mit denen im Betrieb umgegangen wird
- Bezeichnung der Arbeitsbereiche, in denen Beschäftigte dem Gefahrstoff ausgesetzt sein können

Zur Informationsermittlung der erforderlichen Stoffdaten sind die Sicherheitsdatenblätter der betroffenen Gefahrstoffe zu verwenden (Grundlage). Der Arbeitgeber, der nicht über andere Erkenntnisse verfügt, kann davon ausgehen, dass eine Kennzeichnung, die sich auf der Verpackung befindet, und dass Angaben, die in einer beigefügten Mitteilung oder einem Sicherheitsdatenblatt enthalten sind, zutreffend sind. Eine weitere Anforderung von Informationen kann aber bei widersprüchlichen oder unvollständigen Angaben im Sicherheitsdatenblatt erforderlich sein.

Das Gefahrstoffverzeichnis ist bei wesentlichen Änderungen (z.B. Neuaufnahme von Gefahrstoffen, Änderung der Produktzusammensetzung, Änderung der Einstufung, Änderung der Mengenbereiche) fortzuschreiben und mindestens einmal jährlich zu überprüfen.

Vereinfachtes Gefahrstoffverzeichnis
(Mustervorlage)

Stand:	Gefahrstoff (Handelsname)	Signalwörter nach GHS	Gefahren-piktogramm	WGK Wasser-Gefährdungs-Klasse	Einstufung Gefahrenkategorie Gefährlichkeitsgruppe (GG)			
		Achtung (Warnung) Gefahr	Kodierung Kennbuchstabe (alt)		H-Sätze P-Sätze R-Sätze (alt)	AGW Arbeitsplatz-Grenzwert BGW Biologischer Grenzwert	GG (Luft)	GG (Haut)
lfd. Nr.								
1								
SichDatBl								
2								
SichDatBl								
3								
SichDatBl								

79

Freisetzungsvermögen				Lagerort und Lagermenge	Arbeitsbereich und Tätigkeit		
fest/flüssig pastös	Siedepunkt	Anwendungs-temperatur	Freisetzungs-gruppe		Arbeitsbereich und Tätigkeit	Mengen-Gruppe	Zeitdauer

Hautkontakt		Gestaltung des Arbeitsverfahrens		Wirksamkeitsprüfung	
Wirkmenge (Hautbenetzung)	Wirkdauer (Hautkontakt)	Einatmen	Hautkontakt	Einhaltung der AGW (Arbeitsplatzmes-sung)	Schutzmaßnah-menprüfung o. AWG n. Schutzleitfaden

Hinweis: Das vereinfachte Gefahrstoffverzeichnis ist hier aus Platzgründen dreigeteilt dargestellt. Die zusammenhängende Darstellung ist in einer Excel-Tabelle möglich.

Legende zum Gefahrstoffverzeichnis

Freisetzungsgruppen

	Feststoffe		Flüssigkeiten	
Freisetzungs-gruppe	Staubigkeit	Normal-Temp (20°C)	Beliebige Anwendungs-Temp (AT)*	Dampfdruck (kP bei AT)
niedrig	niedrig (z.B. Pellet, Wachs, Granulat)	Siedepkt. > 150°C	Siedepkt. > 5xAT+50	< 0,5
mittel	mittel (z.B. Wasch-mittelpulver, Zucker)	Siedepkt. 50°C-150°C	Sonstige Fälle	0,5 – 25
hoch	hoch (z.B. Mehl, Toner, Zement)	Siedepkt. < 50°C	Siedepkt. ≤ 2xAT+10	> 25

* oder Freisetzungsgruppe aus Diagramm ablesen

Gefährlichkeitsgruppen

Die Gefährlichkeitsgruppen können **grob** mit dem Grad der Schädlichkeit eines Gefahr-stoffes in Verbindung gesetzt werden, die von **A bis E** zunimmt.

Bei **unzureichenden Daten zum Gefahrstoff**, trotz Nachfrage beim Hersteller oder Ver-treiber, ist im Sinne des Vorsorgeprinzips mindestens die Gefährlichkeitsgruppe B und HC zu wählen.

Es gilt folgende Zuordnung der Gefährlichkeitsgruppen für Gefahrstoffe, die **nicht** mit einem **Totenkopf** gekennzeichnet sind:

Gefährlichkeitsgruppe	Zugeordnete H-Sätze
A	**Kein** gesundheitsbezogener H-Satz**, H319, H335, H304, H336
B	H331, H332, H301, H302, H318, H371 unzureichend bekannte Eigenschaften
C	H314, H351, H334, H372, H373, H361, H371
HA	EUH066
HB	H311, H312, H315, H372, H373, H371
HC	H314, H351, H361*, EUH066* unzureichend bekannte Eigenschaften

Gefährlichkeitsgruppe	Zugeordnete H-Sätze
HD	H317
HE	H314

* Zuordnung gilt **nicht**,wenn die Gefahrstoffe **nicht** über die Haut wirken können
** Gefahrstoffe, die **nur** Gefahrensymbole für **physikalisch-chemische** Gefährdungen oder **nur** das Symbol „**umweltgefährlich**" tragen, können der **Gefährlichkeitsgruppe A** zugeordnet werden.
Zusätzliche Maßnahmen zum Brand-, Explosions- und Umweltschutz, über das Schutzstufenkonzept hinaus, sind erforderlich.
H = Gefährdungspotential über Hautkontakt

Es gilt folgende Zuordnung der Gefährlichkeitsgruppen für Gefahrstoffe, die **mit** einem **Totenkopf (T, T+)** gekennzeichnet sind:

Gefährlichkeitsgruppe	Zugeordnete H-Sätze
C	**H330, H331, H300, H301, EUH029, EUH031, H370**
D	H330, H300, EUH032, H370, H372, H373, H360
E	
HC	H310, H311, H370, H372, H373
HE	H310, H311, H314, H370, H360*

* Zuordnung gilt **nicht**, wenn die Gefahrstoffe **nicht** über die Haut wirken können
H = Gefährdungspotential über Hautkontakt

Wird ein **einzelner** chemischer Stoff verwendet, der in der **TRGS 900** aufgeführt ist, so erfolgt die Zuordnung zur Gefährlichkeitsgruppe (**GG**) über den **Arbeitsplatzgrenzwert (AGW)**.
Zur Ableitung der Gefährlichkeitsgruppe wird der Arbeitsplatzgrenzwert einem Luftkonzentrationsbereich zugeordnet.
Bei **Feststoffen** ist die Angabe des Grenzwertes in **mg/m³**, bei **Flüssigkeiten** in **ppm = ml/m³** erforderlich.

Gefährlichkeits-gruppe	Luftkonzentrationsbereiche	
	Feststoffe (mg/m³)	Flüssigkeiten (ppm)
A	$1 < c \leq 10$	$50 < c \leq 500$
B	$0,1 < c \leq 1$	$5 < c \leq 50$
C	$0,01 < c \leq 0,1$	$0,5 < c \leq 5$
D	$0,001 < c \leq 0,01$	$0,05 < c \leq 0,5$
E	$c \leq 0,001$	$c \leq 0,05$

Bei Stoffen **ohne AGW** und bei **Stoffgemischen** (Zubereitungen):
Zuordnung der Gefährlichkeitsgruppen nach den **H-Sätzen** (siehe oben).

Signalwörter

Signalwörter sind neue, GHS-spezifische Kennzeichnungselemente.
Sie geben Auskunft über den relativen Gefährdungsgrad, der einem Stoff oder Gemisch innewohnt und machen Personen, die mit dem Stoff oder Gemisch umgehen, auf eine potentielle Gefahr aufmerksam.

Es gibt zwei Signalwörter:

GEFAHR	für die schwerwiegenden Gefahrenkategorien
WARNUNG	für die weniger schwerwiegenden Gefahrenkategorien

Gefahrenkategorien

Die Gefahrenklassen und deren Differenzierungen wiederum sind in Gefahrenkategorien untergliedert, die in der Regel eine Abstufung der Stärke der jeweiligen Gefahr darstellen.
Die Zuordnung zu den einzelnen Gefahrenkategorien erfolgt über definierte Grenzwerte.
Die Kategorien werden in der Regel einfach nummeriert, wobei die Schwere der Gefahr mit steigender Kategorienummer abnimmt.

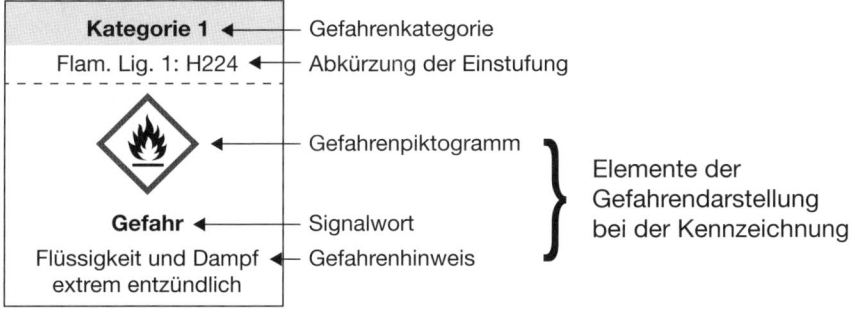

Allein anhand eines **Gefahrenpiktogramms** ist **nicht** erkennbar, welcher **Gefahrenkategorie** ein Gefahrstoff zugeordnet ist.
Mit **zusätzlichen** Angaben/Hinweisen auf die **H-Sätze** (Angaben besonderer Risiken aufgrund von Gefahren beim Umgang mit einem gefährlichen Stoff) und die **P-Sätze** (Sicherheitshinweise => abzuleitende Schutzmaßnahmen) in Verbindung mit dem dazugehörigen **Gefahrenpiktogramm** wird auch der Zuordnung der entsprechenden **Gefahrenkategorie** Rechnung getragen.

Einstufung	Kategorie 1	Kategorie 2	Kategorie 3
Piktogramm			
Signalwort	Gefahr	Gefahr	Gefahr
Gefahrenhinweise	H 224 „Flüssigkeit und Dampf extrem entzündbar"	H 225 „Flüssigkeit und Dampf leicht entzündbar"	H 226 „Flüssigkeit und Dampf entzündbar"
Beispiele für einen Sicherheitshinweis	P 210 „von offener Flamme ... fernhalten	P 210 „von offener Flamme ... fernhalten	P 210 „von offener Flamme ... fernhalten

Mengengruppe

Die **Mengengruppe** ist die Zuordnung der bei der Tätigkeit üblicherweise gehandhabten Menge des Gefahrstoffes.
Entscheidend ist nicht immer die gesamte vorhandene Menge des Gefahrstoffes, sondern die **tatsächliche** Menge, mit der umgegangen wird (z.B. ist das Abfüllen von **50 Litern** eines Gefahrstoffes aus einem **100 m³-Tank** der Mengengruppe „mittel" zuzuordnen).

	Mengengruppe	
	Feststoffe	**Flüssigkeiten**
niedrig	**g** – Bereich	**ml** – Bereich
mittel	**kg** – Bereich	**l**– Bereich
hoch	**t** – Bereich	**m³**– Bereich

Wirkmenge und Wirkdauer

Bei der Bestimmung von Wirkmenge und Wirkdauer sind bereits verwendete Schutzhandschuhe oder andere persönliche Schutzausrüstung außer Acht zu lassen.
Bei der **Wirkmenge** wird zwischen **klein-und großflächiger** Benetzung der **Haut** unterschieden. Hierbei ist auch die **indirekte** Benetzung der Haut über verschmutzte Arbeitskleidung und Arbeitsgeräte zu berücksichtigen.

	Wirkmenge
klein	kleinflächige Benetzung (Spritzer)
groß	großflächige Benetzung (Hände und Unterarme)

Das Gefahrstoffverzeichnis muss allen betroffenen Beschäftigten und ihren Vertretern zugänglich sein.

Hinweis: Ordnungswidrig im Sinne des §26 Abs. 1 Nr. 8 Buchstabe b des Chemikaliengesetzes handelt, wer vorsätzlich oder fahrlässig entgegen §22 (1) Nr. 2 GefStoffV ein Gefahrstoffverzeichnis nicht, nicht richtig oder nicht vollständig führt!

Die Wirkdauer **des Hautkontaktes** beginnt **mit der Verunreinigung und** endet erst **mit der wirksamen Beseitigung.**
Besteht ein **wiederholter** Hautkontakt, so sind die Zeiten mit Hautkontakt mit dem jeweiligen Gefahrstoff über den Tag **zu addieren.**

	Wirkdauer
kurz	**unter** 15 Minuten/Tag
lang	**über** 15 Minuten/Tag

2.4.2.11 Überprüfung der Wirksamkeit von getroffenen Schutzmaßnahmen

Die Überprüfung

- der Einhaltung des Arbeitsplatzgrenzwertes sowie
- der Wirksamkeit technischer Schutzmaßnahmen und -einrichtungen

sind zentrale Forderungen der Gefahrstoffverordnung zur Qualitätssicherung der festgelegten Schutzmaßnahmen.

Überprüfung der Wirksamkeit der Grundsätze

Eine Überprüfung der immer anzuwendenden *allgemeinen* Schutzmaßnahmen kann mit Hilfe der Schutzleitfäden Reihe 1xx durchgeführt werden. Entsprechend kann eine Überprüfung der *zusätzlichen* Schutzmaßnahmen mit Hilfe der Schutzleitfäden Reihe 2xx und die Überprüfung der *besonderen* Schutzmaßnahmen mit Hilfe der Schutzleitfäden Reihe 3xx durchgeführt werden.

Sind technische Schutzeinrichtungen, z.B. raumlufttechnische Anlagen (RLT) vorhanden oder notwendig, so muss auch deren Funktion und Wirksamkeit regelmäßig überprüft werden. Hierzu gehört die Überwachung lüftungstechnischer Kontrollgrößen nach Vorgaben des Herstellers (z. B. Erfassungsluftgeschwindigkeit, Luftwechselraten) oder technisch erfassbarer Störeinflüsse wie z.B. Querströmungen.

Die Überprüfung muss regelmäßig, mindestens jedoch im 3-Jahres-Abstand erfolgen; bei Einrichtungen zum Abscheiden, Erfassen und Niederschlagen von Stäuben mindestens jährlich. Die Ergebnisse der Prüfungen sind zu dokumentieren.

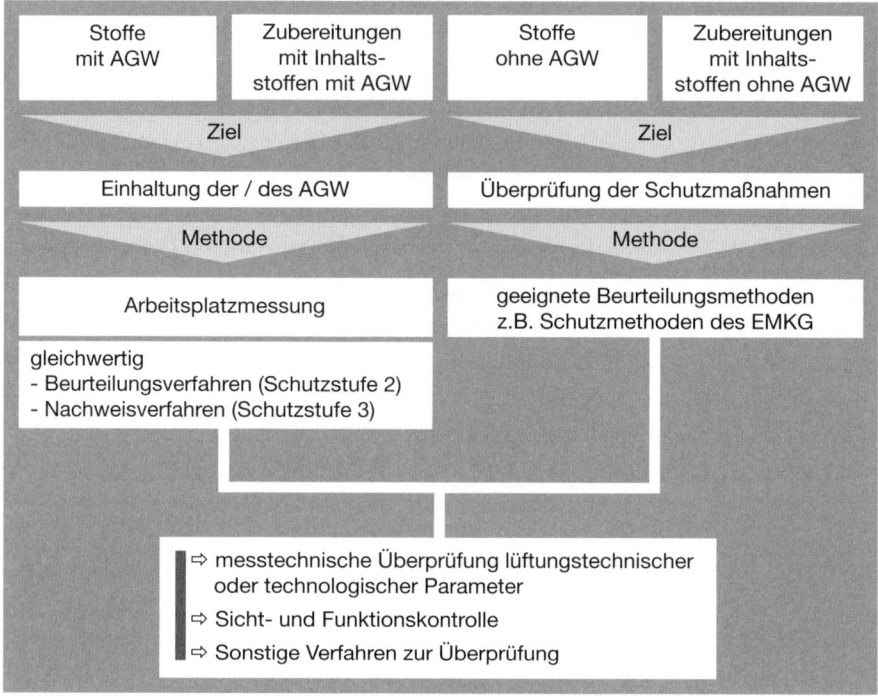

| Stoffe
mit AGW | Zubereitungen
mit Inhalts-
stoffen mit AGW | Stoffe
ohne AGW | Zubereitungen
mit Inhalts-
stoffen ohne AGW |

Ziel

Ziel

Einhaltung der / des AGW

Überprüfung der Schutzmaßnahmen

Methode

Methode

Arbeitsplatzmessung

geeignete Beurteilungsmethoden
z.B. Schutzmethoden des EMKG

gleichwertig
- Beurteilungsverfahren (Schutzstufe 2)
- Nachweisverfahren (Schutzstufe 3)

⇨ messtechnische Überprüfung lüftungstechnischer oder technologischer Parameter
⇨ Sicht- und Funktionskontrolle
⇨ Sonstige Verfahren zur Überprüfung

Darüber hinaus sollten regelmäßige, möglichst tägliche **Sicht- und Funktionskontrollen** festgelegt werden, z.B. die Überprüfung der Funktion einer Absauganlage nach dem Einschalten. Zu achten ist auch auf sicht- oder hörbare Veränderungen sowie auftretende Mängel an persönlicher Schutzausrüstung und Arbeitsmitteln. Die Angaben des Herstellers in der Betriebsanleitung von technischen Arbeitsmitteln sind zu beachten.

Einhaltung der Arbeitsplatzgrenzwerte bei Stoffen mit AGW

Bei Stoffen mit Arbeitsplatzgrenzwerten ist die Einhaltung durch Arbeitsplatzmessungen oder durch andere gleichwertige Beurteilungsverfahren oder Nachweismethoden nachzuweisen. Werden mit dem vereinfachten Gefahrstoffverzeichnis Maßnahmen für Tätigkeiten mit Zubereitungen abgeleitet, ist auf die Liste der Inhaltsstoffe zu achten. Sind Stoffe mit Arbeitsplatzgrenzwert (AGW) nach TRGS 900 enthalten, ist deren Einhaltung zu überprüfen. Je höher der Anteil des Stoffes mit AGW in der Zubereitung ist, umso wichtiger ist eine Überprüfung.

Die Einhaltung der Arbeitsplatzgrenzwerte kann durch Arbeitsplatzmessungen bzw. gleichwertige Beurteilungsverfahren oder Nachweismethoden nachgewiesen werden. Analog zum Vorgehen bei Stoffen mit AGW kann auch bei Zubereitungen das vereinfachte Gefahrstoffverzeichnis als gleichwertiges Beurteilungsverfahren angewendet werden, wenn die für die Zubereitung aus der Einstufung ermittelte Gefährlichkeitsgruppe strenger ist als alle Gefährlichkeitsgruppen, die sich aus den AGW der einzelnen Komponenten ergeben (siehe AGW-Stoffliste). Die Liste der Inhaltsstoffe mit Arbeitsplatzgrenzwert ist im Sicherheitsdatenblatt unter „Begrenzung und Überwachung der Exposition/persönliche Schutzausrüstung" aufgeführt.

Bei dieser Vorgehensweise sind nur die in Deutschland geltenden gesundheitsbasierten Arbeitsplatzgrenzwerte nach TRGS 900 zu berücksichtigen. Die Umsetzung der gewählten Schutzmaßnahmen ist zu dokumentieren und regelmäßig auf ihre technische Wirksamkeit zu prüfen. Technische und organisatorische Prüfvorgaben finden sich in den Schutzleitfäden oder anderen branchen- oder tätigkeitsspezifischen Hilfestellungen.

Wirksamkeitsprüfung bei Stoffen und Zubereitungen ohne AGW

Bei Stoffen und Zubereitungen ohne AGW kann die Wirksamkeit der Schutzmaßnahmen mit dem vereinfachten Gefahrstoffverzeichnis als geeignete Beurteilungsmethode nachgewiesen werden. Die Umsetzung der gewählten Schutzmaßnahmen ist zu dokumentieren und regelmäßig auf ihre technische Wirksamkeit zu prüfen. Technische und organisatorische Prüfvorgaben finden sich in den Schutzleitfäden oder anderen branchen- oder tätigkeitsspezifischen Hilfestellungen.

2.4.3 Ersatzstoffprüfung

(GefStoffV §6(1) Nr. 4, §7(3))

Der Arbeitgeber hat den Umgang mit Gefahrstoffen*, oder mit Stoffen**, die nicht kennzeichnungspflichtig sind (z.B. Altöl, Abwasser, Schweißrauche), von denen aber entsprechende Gesundheitsgefährdungen ausgehen können bzw. zu erwarten sind, nach den Arbeitsbedingungen, der verwendeten Stoffmenge und nach Höhe und Dauer der Exposition zu beurteilen. Bei den zusätzlichen Schutzmaßnahmen ist primär eine Ersatzstoffprüfung durchzuführen, d.h., es ist nach Stoffen zu suchen, die für den bestimmten Verwendungszweck geringere oder keine Gesundheitsgefährdungen mehr haben.

Beispiele anhand der bisherigen EU-Kennzeichnung:

- Hochentzündlich (F+) => leicht entzündlich (F) => entzündlich (R10) => keines dieser Merkmale
- brandfördernd (O) => nicht brandfördernd
- explosionsgefährlich (E) => nicht explosionsgefährlich

Das Ergebnis der durchgeführten Ersatzstoffprüfung ist in der Gefährdungsbeurteilung zu dokumentieren. Wird auf einen möglichen Ersatzstoff verzichtet, ist das in der Dokumentation der Gefährdungsbeurteilung zu begründen.

---

* Der Arbeitgeber, der nicht über andere Erkenntnisse verfügt, kann davon ausgehen, dass eine Kennzeichnung, die sich auf der Verpackung befindet, und dass Angaben, die in einer beigefügten Mitteilung oder einem Sicherheitsdatenblatt enthalten sind, zutreffend sind. Eine weitere Anforderung von Informationen kann aber bei widersprüchlichen oder unvollständigen Angaben im Sicherheitsdatenblatt erforderlich sein.

** Der Arbeitgeber, der sich über die Zusammensetzung und Einstufung der Inhaltsstoffe nicht gekennzeichneter Arbeitsstoffe im Unklaren ist, kann Informationen über die gefährlichen Inhaltsstoffe, ihre Konzentrationen und Einstufungen, die von den Arbeitsstoffen ausgehenden Gefahren und die zu ergreifenden Schutzmaßnahmen vom Hersteller oder Inverkehrbringer verlangen.

TRGS 600

Gefährdung aufgrund der gesundheitsgefährlichen Eigenschaften:

1. Stoffe mit niedrigem Arbeitsplatzgrenzwert (AGW) => Stoffe mit höherem Arbeitsplatzgrenzwert (bei vergleichbaren Stoffeigenschaften und Expositionen, bei Flüssigkeiten ist z.B. das Verhältnis von Arbeitsplatzgrenzwert zum Dampfdruck relevant)

2. Systemische Wirkung: sehr giftig (T+) => giftig (T) => gesundheitsschädlich (Xn) => keines dieser Merkmale

3. Ätz-/Reizwirkung : Ätzend (C) => reizend (Xi) => keines dieser Merkmale

4. Krebserzeugend, erbgutverändernd, fortpflanzungsgefährdend (cmr) => nicht cmr

Gefährdung aufgrund der physikalisch/chemischen Eigenschaften:

1. Hochentzündlich (F+) oder pyrophor (F,R17) => leicht entzündlich (F) => entzündlich (R10) => keines dieser Merkmale

2. brandfördernd (O) => nicht brandfördernd

3. explosionsgefährlich (E) => nicht explosionsgefährlich

Gefährdung aufgrund des Freisetzungspotenzials eines Gefahrstoffs in die Luft:

1. große Menge => kleine Menge

2. Verfahren mit Benetzung großer Flächen => Verfahren mit Benetzung kleiner Flächen

3. Gas => Flüssigkeit => Paste

4. staubender Feststoff => nicht staubender Feststoff

5. sublimierender Feststoff => nicht sublimierender Feststoff

6. niedriger Siedepunkt (hoher Dampfdruck) => hoher Siedepunkt (niedriger Dampfdruck)

7. offenes Verfahren => geschlossenes Verfahren

8. Verfahren bei hohen Temperaturen => Verfahren bei Raumtemperatur

9. Verfahren unter Druck => drucklose Verfahren

10. Verfahren unter Erzeugung von Aerosolen => aerosolfreie Verfahren

11. lösemittelhaltige Systeme => wässrige Systeme, etc.

Ersatzstoffprüfung
(Mustervorlage)

Gefahrstoffbezeichnung: _____ **Stand:** _____
(verwendeter Gefahrstoff)

Gefährdung Gesundheit (niedrig, mittel, hoch)	Gefährdung Brand-/Explosion	Gefährdung durch Freisetzung	Gefährdung durch Arbeitsverfahren	Gefährdung der Umwelt
z.B.: giftig, sehr giftig, allergen, sensibilisierend, chronisch, krebserregend, ätzend, reizend auf Haut, Augen, Atemorgane	z.b.: explosive, hochentzündliche, entzündliche, selbstentzündliche brandfördernde Gase, Flüssigkeiten	z.B.: Gasaustritt, Aerosolbildung, Staubbildung, hoher Dampfdruck, niedriger Flammpunkt	z.B.: offene Verarbeitung, großflächige Anwendung, Haut-/Augenkontakt möglich, Mischung/ Kontakt mit anderen Stoffen, Zündquellen	z.B.: Abfallmengen, schädigend für Mikroorganismen, Pflanzen, Nutzinsekten, wassergefährdend, atmosphärenschädigend

Gefahrstoffbezeichnung: _____
(Ersatzstoff 1)

Gefährdung Gesundheit (niedrig, mittel, hoch)	Gefährdung Brand-/Explosion	Gefährdung durch Freisetzung	Gefährdung durch Arbeitsverfahren	Gefährdung der Umwelt

Gefahrstoffbezeichnung: _____
(Ersatzstoff 2)

Gefährdung Gesundheit (niedrig, mittel, hoch)	Gefährdung Brand-/Explosion	Gefährdung durch Freisetzung	Gefährdung durch Arbeitsverfahren	Gefährdung der Umwelt

Vergleichende Bewertungen **nur** innerhalb einer Spalte und **nicht** innerhalb einer Zeile vornehmen.

Entscheidungsbemerkungen: _____

Beurteilung: Das Produkt _____ kann als Ersatzstoff verwendet / **nicht** verwendet werden.

Datum / Beurteiler: _____

Berücksichtigte Unterlagen: GefStoffV, SichDatBl, R/H-Sätze, AGW, GefahrStoffVerz/ GefStoffDatbank

2.5 Biologische Arbeitsstoffe

(BioStoffV, TRBA 400)

Bei der Beurteilung der Arbeitsbedingungen nach §5 des Arbeitsschutzgesetzes hat der Arbeitgeber zunächst festzustellen, ob die Beschäftigten Tätigkeiten mit biologischen Arbeitsstoffen durchführen oder ob biologische Arbeitsstoffe bei diesen Tätigkeiten entstehen oder freigesetzt werden können. Für die Gefährdungsbeurteilung hat der Arbeitgeber ausreichende Informationen zu beschaffen.

Insbesondere sind folgende Informationen zu berücksichtigen:

1. die ihm zugänglichen tätigkeitsbezogenen Informationen über die Identität, die Einstufung und das Infektionspotential der vorkommenden biologischen Arbeitsstoffe sowie die von ihnen ausgehenden sensibilisierenden und toxischen Wirkungen,

2. tätigkeitsbezogene Informationen über Betriebsabläufe und Arbeitsverfahren,

3. Art und Dauer der Tätigkeiten und damit verbundene mögliche Übertragungswege sowie Informationen über eine Exposition der Beschäftigten,

4. Erfahrungen aus vergleichbaren Tätigkeiten, Belastungs- und Expositionssituationen und über bekannte tätigkeitsbezogene Erkrankungen sowie die ergriffenen Gegenmaßnahmen.

Anmerkung: Die Informationsbeschaffung ist nicht mit einer Messverpflichtung verknüpft. Messungen können aber im Einzelfall für die Einschätzung der Exposition oder

z.B. zur Überprüfung technischer Lüftungsanlagen hilfreich sein.

Ausgehend von den Informationen ist die Zuordnung zu gezielten oder nicht gezielten Tätigkeiten vorzunehmen. Biologische Arbeitsstoffe (z.B. Bakterien, Viren, Würmer, Parasiten) sind Mikroorganismen, die beim Menschen Infektionen, sensibilisierende oder toxische Wirkungen hervorrufen können. Biologische Gefahrstoffe können bei Tätigkeiten in der Biotechnologie, der Forschung, der Nahrungsmittelproduktion, der Land- und Forstwirtschaft, der Abfall- und Abwasserwirtschaft, bei der Altlastensanierung und im Gesundheitswesen auftreten.

Anmerkung: *Nicht* zu den biologischen Arbeitsstoffen zählen Tiere, Pflanzen einschließlich ihre Fortpflanzungseinheiten (z.B. Pollen), organische Stäube (Holzstäube, Futtermittelstäube), freie Nukleinsäuren und Plasmide, Stoffwechselprodukte sowie sonstige Produkte pflanzlichen oder tierischen Ursprungs (Tierhaare, Federn, Lebensmittelbestandteile). Somit sind zahlreiche Allergien (z.B. Heuschnupfen, Kontaktallergien, Tierhaarallergien, Proteinallergien) und viele toxische Wirkungen (z.B. durch Hormone, Tier- und Pflanzengifte) nicht dem Arbeitsgebiet biologische Arbeitsstoffe zuzuordnen. Viele dieser (nicht zu den biologischen Arbeitsstoffen zählenden) organischen Stoffe mit sensibilisierender Wirkung sind Gefahrstoffe. Sie unterliegen damit der Gefahrstoffverordnung. Durch Milben, Zecken, Mücken oder Futtermittelstäube können jedoch biologische Arbeitsstoffe übertragen werden.

Der Umgang mit biologischen Arbeitsstoffen umfasst sowohl *gezielte* wie *nicht gezielte* Tätigkeiten mit biologischen Arbeitsstoffen, wobei der überwiegende Teil der Tätigkeiten den *nicht* gezielten zuzuordnen ist.

Gezielte Tätigkeiten liegen vor, wenn:

1. biologische Arbeitsstoffe mindestens der Spezies nach bekannt sind,
2. die Tätigkeiten auf einen oder mehrere biologische Arbeitsstoffe unmittelbar ausgerichtet sind,
3. die Exposition der Beschäftigten im Normalbetrieb hinreichend bekannt oder abschätzbar ist.

Nicht gezielte Tätigkeiten liegen vor, wenn mindestens eine der Voraussetzungen nach Nr. 1, 2 oder 3 nicht gegeben ist. Bei einer nicht gezielten Tätigkeit wird die Höhe der Infektionsgefährdung in Form einer plausiblen, nachvollziehbaren Abschätzung auf der Grundlage der zuvor ermittelten Informationen beurteilt.

Biologische Arbeitsstoffe werden entsprechend dem von ihnen ausgehenden Infektionsrisiko in vier Risikogruppen eingeteilt:

Risikogruppe 1: Biologische Arbeitsstoffe, bei denen es unwahrscheinlich ist, dass sie beim Menschen eine Krankheit verursachen.

Risikogruppe 2: Biologische Arbeitsstoffe, die eine Krankheit beim Menschen hervorrufen können und eine Gefahr für Beschäftigte darstellen können; eine Verbreitung des Stoffes in der Bevölkerung ist unwahrscheinlich; eine wirksame Vorbeugung oder Behandlung ist normalerweise möglich.

Risikogruppe 3: Biologische Arbeitsstoffe, die eine schwere Krankheit beim Menschen hervorrufen können und eine ernste Gefahr für Beschäftigte darstellen können; die Gefahr einer Verbreitung in der Bevölkerung kann bestehen, doch ist normalerweise eine wirksame Vorbeugung oder Behandlung möglich.

Risikogruppe 4: Biologische Arbeitsstoffe, die eine schwere Krankheit beim Menschen hervorrufen und eine ernste Gefahr für Beschäftigte darstellen; die Gefahr einer Verbreitung in der Bevölkerung ist unter Umständen groß; normalerweise ist eine wirksame Vorbeugung oder Behandlung nicht möglich.

Sensibilisierende oder toxische Wirkungen wurden bei der Einstufung der biologischen Arbeitsstoffe in Risikogruppen nicht berücksichtigt. Bei der Einstufung in die Risikogruppen sind sensibilisierende und toxische Wirkungen zusätzlich zu berücksichtigen. Umfasst eine Tätigkeit mehrere biologische Arbeitsstoffe verschiedener Risikogruppen, ist für die Festlegung die Risikogruppe des biologischen Arbeitsstoffes mit dem höchsten Gefährdungsgrad maßgebend.

Den 4 **Risikogruppen** sind analog, entsprechend ihrem Infektionspotential, **Schutzstufen** und zu treffende/einzuhaltende **Sicherheitsmaßnahmen**, zugeordnet:

- der Risikogruppe 1 die Sicherheitsmaßnahmen der Schutzstufe 1 (allgemeine Hygienemaßnahmen, Mindeststandards nach TRBA 500)
- der Risikogruppe 2 die Sicherheitsmaßnahmen der Schutzstufe 2 der Risikogruppe 3 die Sicherheitsmaßnahmen der Schutzstufe 3 der Risikogruppe 4 die Sicherheitsmaßnahmen der Schutzstufe 4
- der Risikogruppe 3 die Sicherheitsmaßnahmen der Schutzstufe 3
- der Risikogruppe 4 die Sicherheitsmaßnahmen der Schutzstufe 4

Anmerkung: Die TRBA 500 „Allgemeine Hygienemaßnahmen: Mindestanforderungen" ist grundsätzlich für alle Tätigkeiten mit biologischen Arbeitsstoffen anzuwenden, da sie den Mindeststandard der einzuhaltenden Hygienemaßnahmen beschreibt.

Sensibilisierende und toxische Wirkungen haben keinen Einfluss auf die Zuordnung zu einer Schutzstufe, erfordern aber evtl. weitere zusätzliche Schutzmaßnahmen.

Kann die Tätigkeit einer Schutzstufe nicht zugeordnet werden, sind nach dem Stand der Technik Art, Ausmaß und Dauer der Exposition der Beschäftigten gegenüber biologischen Arbeitsstoffen zu ermitteln und die Gefährdung zu beurteilen.

Die erforderlichen Schutzmaßnahmen sind nach dem Stand der Technik festzulegen.

Gefährdungsbeurteilung
(biologische Arbeitsstoffe)

(Mustervorlage)   Stand: _____

biologischer Arbeitsstoff I, infektiös S, sensibilisierend T, toxisch	Tätigkeit		Tätigkeitsbereich (Arbeits-stelle/-platz)	Tätigkeitsbeschreibung (Expositionsbedingungen)	Risikogruppe nach Infektions-Risiko BioStoffV	Schutzstufe Sicherheitsmaßnahmen nach Anhang II oder III BioStoffV	Schutzmaßnahmen (zusätzliche) wenn sensibilisierende oder toxische Wirkungen	Vorsorgeuntersuchung A = Angebot P = Pflicht
	gezielt	nicht gezielt						
→								

Anmerkung:

- Sensibilisierende oder toxische Wirkungen wurden bei der Einstufung der biologischen Arbeitsstoffe in Risikogruppen **nicht** berücksichtigt.
- Sensibilisierende und toxische Wirkungen haben **keinen Einfluss** auf die Zuordnung zu einer **Schutzstufe**, erfordern aber evtl. weitere zusätzliche Schutzmaßnahmen.
- Kann die Tätigkeit einer Schutzstufe **nicht zugeordnet** werden, sind nach dem Stand der Technik Art, Ausmaß und Dauer der Exposition der Beschäftigten gegenüber biologischen Arbeitsstoffen zu ermitteln und die Gefährdung zu beurteilen. Die **erforderlichen Schutzmaßnahmen** sind nach dem Stand der Technik festzulegen.

Zuordnung der Risikogruppen und Schutzstufen:

- der Risikogruppe 1 die Sicherheitsmaßnahmen der Schutzstufe 1 (allgemeine Hygienemaßnahmen, Mindeststandards nach TRBA 500)
- der Risikogruppe 2 die Sicherheitsmaßnahmen der Schutzstufe 2
- der Risikogruppe 3 die Sicherheitsmaßnahmen der Schutzstufe 3
- der Risikogruppe 4 die Sicherheitsmaßnahmen der Schutzstufe 4

Anmerkung: Die TRBA 500 „Allgemeine Hygienemaßnahmen: Mindestanforderungen" ist grundsätzlich für alle Tätigkeiten mit biologischen Arbeitsstoffen anzuwenden, da sie den Mindeststandard der einzuhaltenden Hygienemaßnahmen beschreibt.

Bemerkungen:

Datum, Beurteiler: _____

Anhang II

Sicherheitsmaßnahmen bei Tätigkeiten mit biologischen Arbeitsstoffen in Laboratorien und laborähnlichen Einrichtungen

Sicherheitsmaßnahmen	Schutzstufen		
	2	3	4
1. Der Arbeitsplatz ist von anderen Tätigkeiten in demselben Gebäude abzutrennen	nein	verbindlich, wenn die Infizierung über die Luft erfolgen kann	verbindlich
2. Zu- und Abluft am Arbeitsplatz müssen durch Hochleistungsschwebstoff-Filter oder eine vergleichbare Vorrichtung geführt werden	nein	verbindlich für Abluft	verbindlich für Zu- und Abluft
3. Der Zugang ist auf benannte Beschäftigte zu beschränken	verbindlich	verbindlich	verbindlich mit Luftschleuse
4. Der Arbeitsplatz muss zum Zweck der Desinfektion hermetisch abdichtbar sein	nein	empfohlen	verbindlich
5. Spezifische Desinfektionsverfahren	verbindlich	verbindlich	verbindlich
6. Am Arbeitsplatz muss ein Unterdruck aufrechterhalten werden	nein	verbindlich, wenn die Infizierung über die Luft erfolgen kann	verbindlich
7. Wirksame Vektorkontrolle, z.B. Nagetiere und Insekten	empfohlen	verbindlich	verbindlich
8. Wasserundurchlässige und leicht zu reinigende Oberflächen	verbindlich für Werkbänke	verbindlich für Werkbänke und Böden	verbindlich für Werkbänke, Wände, Böden und Decken
9. Gegen Säuren, Laugen, Lösungs- und Desinfektionsmittel widerstandsfähige Oberflächen	empfohlen	verbindlich	verbindlich

10. Sichere Aufbewahrung eines biologischen Arbeitsstoffes	verbindlich	verbindlich	verbindlich unter Verschluss
11. Der Raum muss mit einem Beobachtungsfenster oder einer vergleichbaren Vorrichtung versehen sein, damit die im Raum anwesenden Personen bzw. Tiere beobachtet werden können	empfohlen	verbindlich	verbindlich
12. Jedes Laboratorium muss über eine eigene Ausrüstung verfügen	nein	empfohlen	verbindlich
13. Der Umgang mit infiziertem Material, einschließlich aller Tiere, muss in einer Sicherheitswerkbank oder einem Isolierraum oder einem anderen geeigneten Raum erfolgen	wo angebracht	verbindlich, wenn die Infizierung über die Luft erfolgt	verbindlich
14. Verbrennungsofen für Tierkörper	empfohlen	verbindlich, zugänglich	verbindlich vor Ort

Anhang III

Sicherheitsmaßnahmen bei gezielten und nicht gezielten Tätigkeiten, die nicht unter <u>Anhang II</u> fallen

	Sicherheitsmaßnahmen	Schutzstufen		
		2	3	4
1.	Arbeiten mit lebensfähigen Organismen müssen in einem System durchgeführt werden, das den Prozess physisch von der Umwelt trennt	verbindlich	verbindlich	verbindlich
2.	Abgase aus dem abgeschlossenen System müssen so behandelt werden, dass:	das Freiwerden minimal gehalten wird	das Freiwerden verhütet wird	das Freiwerden verhütet wird
3.	Sammlung von Proben, Hinzufügung von Werkstoffen zu einem abgeschlossenen System und Übertragung lebensfähiger Organismen in ein anderes abgeschlossenes System müssen so durchgeführt werden, dass:	das Freiwerden minimal gehalten wird	das Freiwerden verhindert wird	das Freiwerden verhindert wird
4.	Kulturflüssigkeiten dürfen nicht aus dem abgeschlossenen System genommen werden, wenn die lebensfähigen Organismen nicht:	durch erprobte Mittel inaktiviert worden sind	durch erprobte chemische oder physikalische Mittel inaktiviert worden sind	durch erprobte chemische oder physikalische Mittel inaktiviert worden sind
5.	Der Verschluss der Kulturgefäße muss so ausgelegt sein, dass:	ein Freiwerden minimal gehalten wird	ein Freiwerden verhütet wird	ein Freiwerden verhütet wird
6.	Abgeschlossene Systeme müssen innerhalb kontrollierter Bereiche angesiedelt werden	empfohlen	empfohlen	verbindlich
a)	Biogefahrenzeichen müssen angebracht werden	empfohlen	verbindlich	verbindlich
b)	der Zugang muss ausschließlich auf das dafür vorgesehene Personal beschränkt sein	empfohlen	verbindlich	verbindlich über Luftschleuse

				vollständige Umkleidung
c)	das Personal muss Schutzkleidung tragen	verbindlich	verbindlich	verbindlich
d)	Dekontaminations- und Waschanlagen müssen für das Personal bereitstehen	verbindlich	verbindlich	verbindlich
e)	das Personal muss vor dem Verlassen des kontrollierten Bereiches duschen	nein	empfohlen	verbindlich
f)	Abwässer aus Waschbecken und Duschen müssen gesammelt und vor der Ableitung inaktiviert werden	nein	empfohlen	verbindlich
g)	der kontrollierte Bereich muss entsprechend belüftet sein, um die Luftverseuchung auf einem Mindeststand zu halten	empfohlen	verbindlich, wenn die Infizierung über die Luft erfolgen kann	verbindlich
h)	der kontrollierte Bereich muss stets in atmosphärischem Unterdruck gehalten werden	nein	empfohlen	verbindlich
i)	Zuluft und Abluft zum kontrollierten Bereich müssen durch Hochleistungsschwebstoff-Filter geführt werden	nein	empfohlen	verbindlich
j)	der kontrollierte Bereich muss so ausgelegt sein, dass er ein Überlaufen des gesamten Inhalts des abgeschlossenen Systems abblockt	nein	empfohlen	verbindlich
k)	der kontrollierte Bereich muss versiegelt werden können, um eine Begasung zuzulassen	nein	empfohlen	verbindlich
l)	Abwasserbehandlung vor der endgültigen Ableitung	inaktiviert durch erprobte Mittel	inaktiviert durch erprobte chemische oder physikalische Mittel	inaktiviert durch erprobte chemische oder physikalische Mittel

2.6 Bildschirmarbeitsplatz

(BildscharbV, DGUV Information 215-410)

Der Arbeitgeber hat bei Bildschirmarbeitsplätzen die Sicherheits- und Gesundheitsbedingungen insbesondere hinsichtlich einer möglichen Gefährdung des Sehvermögens (z.b. tränende, brennende, gerötete Augen) sowie körperlicher Probleme (z.b. Verspannungen, Sehnenscheidenentzündungen) und psychischer Belastungen zu ermitteln und zu beurteilen. Der Arbeitgeber hat geeignete Maßnahmen zu treffen, damit die Bildschirmarbeitsplätze den Anforderungen entsprechen und die möglichen Gefährdungen ausgeschlossen oder vertretbar minimiert werden.

Dabei sind folgende Anforderungen zu beachten:

Bildschirmgerät und Tastatur

- Die auf dem Bildschirm dargestellten Zeichen müssen scharf, deutlich und ausreichend groß sein sowie einen angemessenen Zeichen- und Zeilenabstand haben.

- Das auf dem Bildschirm dargestellte Bild muss stabil und frei von Flimmern sein, es darf keine Verzerrungen aufweisen.

- Die Helligkeit der Bildschirmanzeige und der Kontrast zwischen Zeichen und Zeichenuntergrund auf dem Bildschirm müssen einfach einstellbar sein und den Verhältnissen der Arbeitsumgebung angepasst werden können.

- Der Bildschirm muss frei von störenden Reflexionen und Blendungen sein.

- Das Bildschirmgerät muss frei und leicht drehbar und neigbar sein.

- Die Tastatur muss vom Bildschirmgerät getrennt und neigbar sein, damit die Benutzer eine ergonomisch günstige Arbeitshaltung einnehmen können.

- Die Tastatur und die sonstigen Eingabemittel müssen auf der Arbeitsfläche variabel angeordnet werden können. Die Arbeitsfläche vor der Tastatur muss ein Auflegen der Hände ermöglichen.

- Die Tastatur muss eine reflexionsarme Oberfläche haben.

- Form und Anschlag der Tasten müssen eine ergonomische Bedienung der Tastatur ermöglichen. Die Beschriftung der Tasten muss sich vom Untergrund deutlich abheben und bei normaler Arbeitshaltung lesbar sein.

Sonstige Arbeitsmittel

- Der Arbeitstisch beziehungsweise die Arbeitsfläche muss eine ausreichend große und reflexionsarme Oberfläche besitzen und eine flexible Anordnung des Bildschirmgeräts, der Tastatur, des Schriftguts und der sonstigen Arbeitsmittel ermöglichen. Ausreichender Raum für eine ergonomisch günstige Arbeitshaltung muss vorhanden sein. Ein separater Ständer für das Bildschirmgerät kann verwendet werden.

- Der Arbeitsstuhl muss ergonomisch gestaltet und standsicher sein.

- Der Vorlagenhalter muss stabil und verstellbar sein sowie so angeordnet werden können, dass unbequeme Kopf- und Augenbewegungen soweit wie möglich eingeschränkt werden.

- Eine Fußstütze ist auf Wunsch zur Verfügung zu stellen, wenn eine ergonomisch günstige Arbeitshaltung ohne Fußstütze nicht erreicht werden kann.

Arbeitsumgebung

- Am Bildschirmarbeitsplatz muss ausreichender Raum für wechselnde Arbeitshaltungen und -bewegungen vorhanden sein.

- Die Beleuchtung muss der Art der Sehaufgabe entsprechen und an das Sehvermögen der Benutzer angepasst sein; dabei ist ein angemessener Kontrast zwischen Bildschirm und Arbeitsumgebung zu gewährleisten. Durch die Gestaltung des Bildschirmarbeitsplatzes sowie Auslegung und Anordnung der Beleuchtung sind störende Blendwirkungen, Reflexionen oder Spiegelungen auf dem Bildschirm und den sonstigen Arbeitsmitteln zu vermeiden.

- Bildschirmarbeitsplätze sind so einzurichten, dass leuchtende oder beleuchtete Flächen keine Blendung verursachen und Reflexionen auf dem Bildschirm soweit wie möglich vermieden werden. Die Fenster müssen mit einer geeigneten verstellbaren Lichtschutzvorrichtung ausgestattet sein, durch die sich die Stärke des Tageslichteinfalls auf den Bildschirmplatz vermindern lässt.

- Bei der Gestaltung des Bildschirmarbeitsplatzes ist dem Lärm, der durch die zum Bildschirmarbeitsplatz gehörenden Arbeitsmittel verursacht wird, Rechnung zu tragen, insbesondere um eine Beeinträchtigung der Konzentration und der Sprachverständlichkeit zu vermeiden.

- Die Arbeitsmittel dürfen nicht zu einer erhöhten Wärmebelastung am Bildschirmarbeitsplatz führen, die unzuträglich ist. Es ist für eine ausreichende Luftfeuchtigkeit zu sorgen.

- Die Strahlung muss, mit Ausnahme des sichtbaren Teils des elektromagnetischen Spektrums, so niedrig gehalten werden, dass sie für Sicherheit und Gesundheit der Benutzer des Bildschirmgerätes unerheblich ist.

Zusammenwirken Mensch – Arbeitsmittel

- Die Grundsätze der Ergonomie sind insbesondere auf die Verarbeitung von Informationen durch den Menschen anzuwenden.

- Bei Entwicklung, Auswahl, Erwerb und Änderung von Software sowie bei der Gestaltung der Tätigkeit an Bildschirmgeräten hat der Arbeitgeber den folgenden Grundsätzen insbesondere im Hinblick auf die Benutzerfreundlichkeit Rechnung zu tragen:

  - Die Software muss an die auszuführende Aufgabe angepasst sein.

  - Die Systeme müssen den Benutzern Angaben über die jeweiligen Dialogabläufe unmittelbar oder auf Verlangen machen.

  - Die Systeme müssen den Benutzern die Beeinflussung der jeweiligen Dialogabläufe ermöglichen sowie eventuelle Fehler bei der Handhabung beschreiben und deren Beseitigung mit begrenztem Arbeitsaufwand erlauben.

  - Die Software muss entsprechend den Kenntnissen und Erfahrungen der Benutzer im Hinblick auf die auszuführende Aufgabe angepasst werden können.

- Ohne Wissen der Benutzer darf keine Vorrichtung zur qualitativen und quantitativen Kontrolle verwendet werden.

2.6.1 Gestaltung von Bildschirmarbeitsplätzen

• **Ausgangssituation** (Beschreibung der Arbeitsaufgabe, der Arbeitsmittel, der räumlichen Gegebenheiten, der Arbeitsorganisation)
  – **Arbeitsaufgabe**
    (z.b. Arbeitsaufgabe je Mitarbeiter, Zeitumfang, Erwartungen der Mitarbeiter)
  – **Arbeitsmittel**
    (z.b. Rechner, Bildschirm, Eingabemittel, Software, Drucker, Möbel, weitere Geräte und Hilfsmittel)
  – **räumliche Gegebenheiten**
    (z.b. Lage des Gebäudes, Raumgröße/-gestaltung, raumlufttechnische Anlagen, sonstige Installationen)
  – **Arbeitsorganisation**
    (z.b. Kommunikations-/Konzentrationserfordernisse, Arbeitsablauf der Mitarbeiter untereinander, räumliche Einbindung von Dritten, notwendige Flexibilität für die räumlichen Strukturen)

• **Arbeitsplatzkonzept** (Beschreibung der Gestaltung der einzelnen Arbeitsplätze hinsichtlich der Funktionalität und Ergonomie)
  – **Funktionalität**
    (z.b. Abschätzung der erforderlichen Arbeitsmittel und des Arbeitsflächenbedarfs, „Stauraum" (wie Schränke, Regale, Bürocontainer), Erfassung aller notwendigen Arbeitsmittel zur Funktionalität des Arbeitsplatzes)
  – **Ergonomie**
    (z.b. Form und Größe der Arbeitsfläche, Verstellbarkeit der Funktionsmöbel, ausreichender Sehabstand zum Bildschirm, Bewegungsfreiheit, ausreichende Flächen und Anordnung für Eingabemittel, Unterlagen, sonstige Arbeitsmittel)

• **Raumfunktionskonzept** (räumliche Zuordnung der Funktionsbereiche, der Arbeitsplatzanordnung, der Gestaltung der Arbeitsumgebung)
  – **Flächenbedarf**
    (z.b. Benutzerfläche, Stellflächen, Möbelfunktionsflächen, Flächen für Verkehrswege)
  – **Anordnung des Arbeitsplatzes**
    (z.b. Sichtverbindung nach außen, ausreichend Tageslicht, Anordnung entlang der Fensterfront, Blickrichtung parallel zur Fensterfront)
  – **Gestaltung der Arbeitsumgebung**
    (z.b. Akustik, Klimatisierung, Sonnenschutz, Beleuchtung, Farbgebung)

2.6.2 Orientierungshilfen zu Bildschirmarbeitsplätzen

Gerät

Allgemeine Bemerkung

Die Benutzung des Gerätes als solche darf keine Gefährdung der Arbeitnehmer mit sich bringen.

Bildschirm

- Die auf dem Bildschirm angezeigten Zeichen müssen scharf und deutlich, ausreichend groß und mit angemessenem Zeichen- und Zeilenabstand dargestellt werden.
- Das Bild muss stabil und frei von Flimmern sein und darf keine Instabilität anderer Art aufweisen.
- Die Helligkeit und/oder der Kontrast zwischen Zeichen und Bildschirmhintergrund müssen leicht vom Benutzer eingestellt und den Umgebungsbedingungen angepasst werden können.
- Der Bildschirm muss zur Anpassung an die individuellen Bedürfnisse des Benutzers frei und leicht drehbar und neigbar sein.
- Ein separater Ständer für den Bildschirm oder ein verstellbarer Tisch kann ebenfalls verwendet werden.
- Der Bildschirm muss frei von Reflexen und Spiegelungen sein, die den Benutzer stören können.

Tastatur

- Die Tastatur muss neigbar und eine vom Bildschirm getrennte Einheit sein, damit der Benutzer eine bequeme Haltung einnehmen kann, die Arme und Hände nicht ermüdet.
- Die Fläche vor der Tastatur muss ausreichend sein, um dem Benutzer ein Auflegen von Händen und Armen zu ermöglichen.
- Zur Vermeidung von Reflexen muss die Tastatur eine matte Oberfläche haben.
- Die Anordnung der Tastatur und die Beschaffenheit der Tasten müssen die Bedienung der Tastatur erleichtern.
- Die Tastenbeschriftung muss sich vom Untergrund deutlich genug abheben und bei normaler Arbeits-haltung lesbar sein.

Arbeitstisch oder Arbeitsfläche

- Der Arbeitstisch bzw. die Arbeitsfläche muss eine ausreichend große und reflexionsarme Oberfläche besitzen und eine flexible Anordnung von Bildschirm, Tastatur, Schriftgut und sonstigen Arbeitsmitteln ermöglichen.
- Der Manuskripthalter muss stabil und verstellbar sein und ist so einzurichten, dass unbequeme Kopf- und Augenbewegungen soweit wie möglich eingeschränkt werden.
- Ausreichender Raum für eine bequeme Arbeitshaltung muss vorhanden sein.

Arbeitsstuhl

- Der Arbeitsstuhl muss kippsicher sein, darf die Bewegungsfreiheit des Benutzers nicht einschränken und muss ihm eine bequeme Haltung ermöglichen.
- Die Sitzhöhe muss verstellbar sein.
- Die Rückenlehne muss in Höhe und Neigung verstellbar sein.
- Auf Wunsch ist eine Fußstütze zur Verfügung zu stellen.

Umgebung

Platzbedarf

Der Arbeitsplatz ist so zu bemessen und einzurichten, dass ausreichend Platz vorhanden ist, um wechselnde Arbeitshaltungen und -bewegungen zu ermöglichen.

Beleuchtung

Die allgemeine Beleuchtung und/oder die spezielle Beleuchtung (Arbeitslampen) sind so zu dimensionieren und anzuordnen, dass zufriedenstellende Lichtverhältnisse und ein ausreichender Kontrast zwischen Bildschirm und Umgebung im Hinblick auf die Art der Tätigkeit und die sehkraftbedingten Bedürfnisse des Benutzers gewährleistet sind.

Störende Blendung und Reflexe oder Spiegelungen auf dem Bildschirm und anderen Ausrüstungsgegenständen sind durch Abstimmung der Einrichtung von Arbeitsraum und Arbeitsplatz auf die Anordnung und die technischen Eigenschaften künstlicher Lichtquellen zu vermeiden.

Reflexe und Blendung

Bildschirmarbeitsplätze sind so einzurichten, dass Lichtquellen wie Fenster und sonstige Öffnungen, durchsichtige oder durchscheinende Trennwände sowie helle Einrichtungsgegenstände und Wände keine Direktblendung und keine störende Reflektion auf dem Bildschirm verursachen.

Die Fenster müssen mit einer geeigneten verstellbaren Lichtschutzvorrichtung ausgestattet sein, durch die sich die Stärke des Tageslichteinfalls auf dem Arbeitsplatz vermindern lässt.

Lärm

Dem Lärm, der durch die zum Arbeitsplatz (zu den Arbeitsplätzen) gehörenden Geräte verursacht wird, ist bei der Einrichtung des Arbeitsplatzes Rechnung zu tragen, insbesondere um eine Beeinträchtigung der Konzentration und Sprachverständlichkeit zu vermeiden.

Wärme

Die zum Arbeitsplatz (zu den Arbeitsplätzen) gehörenden Geräte dürfen nicht zu einer Wärmezunahme führen, die auf die Arbeitnehmer störend wirken könnte.

Strahlungen

Alle Strahlungen mit Ausnahme des sichtbaren Teils des elektromagnetischen Spektrums müssen auf Werte verringert werden, die vom Standpunkt der Sicherheit und des Gesundheitsschutzes der Arbeitnehmer unerheblich sind.

Feuchtigkeit

Es ist für ausreichende Luftfeuchtigkeit zu sorgen.

Mensch-Maschine-Schnittstelle

Bei Konzipierung, Auswahl, Erwerb und Änderung von Software sowie bei der Gestaltung von Tätigkeiten, bei denen Bildschirmgeräte zum Einsatz kommen, hat der Arbeitgeber folgenden Faktoren Rechnung zu tragen:

- Die Software muss der auszuführenden Tätigkeit angepasst sein.
- Die Software muss benutzerfreundlich sein und gegebenenfalls dem Kenntnis- und Erfahrungsstand des Benutzers angepasst werden können. Ohne Wissen des Arbeitnehmers darf keinerlei Vorrichtung zur quantitativen oder qualitativen Kontrolle verwendet werden!
- Die Systeme müssen den Arbeitnehmern Angaben über die jeweiligen Abläufe bieten.
- Die Systeme müssen die Information in einem Format und in einem Tempo anzeigen, das den Benutzern angepasst ist.
- Die Grundsätze der Ergonomie sind insbesondere auf die Verarbeitung von Informationen durch den Menschen anzuwenden.

2.6.3 Orientierungswerte

- **Mindestgrundfläche/Arbeitsplatz:** 8 m² – 10 m² (diese Mindestforderung berücksichtigt **nicht** den tatsächlichen Platzbedarf aufgrund der benötigten Möbel und Geräte)
- **freie Bewegungsfläche** (Benutzerfläche) am Sitzplatz: **mind. 1,5 m²**
- **Mindesttiefe des Arbeitsplatzes** (Bewegungsfläche des Stuhles): **1 m**
- **Mindestzugangsbreite** (zu jedem Arbeitsplatz): **0,60 m**
- **Freihalten der Möbelfunktionsflächen** (Platzbedarf zum Öffnen von Türen und Schubladen)
- **Freihalten einer Fensterzugangsfläche:** mind. 0,50 m Breite
- **Bewegungsflächen, Verkehrswege und Möbelfunktionsflächen** dürfen sich **nicht** überschneiden. **Mindestverkehrswegbreite** in Büroräumen je nach nutzender Personenzahl:
  - bis 5 Benutzer: 0,80 m
  - bis 20 Benutzer: 0,93 m
  - bis 100 Benutzer: 1,25 m
  - bis 250 Benutzer: 1,75 m
  - bis 400 Benutzer: 2,25 m

  Bei der Ermittlung der Zahl der Benutzer sind Besucher, Kunden usw. einzubeziehen!
- **Tischarbeitsfläche:** 160 cm x 80 cm
- **Mindestsehabstand zum Bildschirm:** 50 cm – 70 cm

- **Raumtemperatur:** 20°C – 22°C (max. 26°C)
- **Raumluftfeuchtigkeit:** 50% – 60%
- **Mindestbeleuchtungsstärke:** 500 Lux

2.6.4 Gestaltungsbeispiele

Beispiel 1

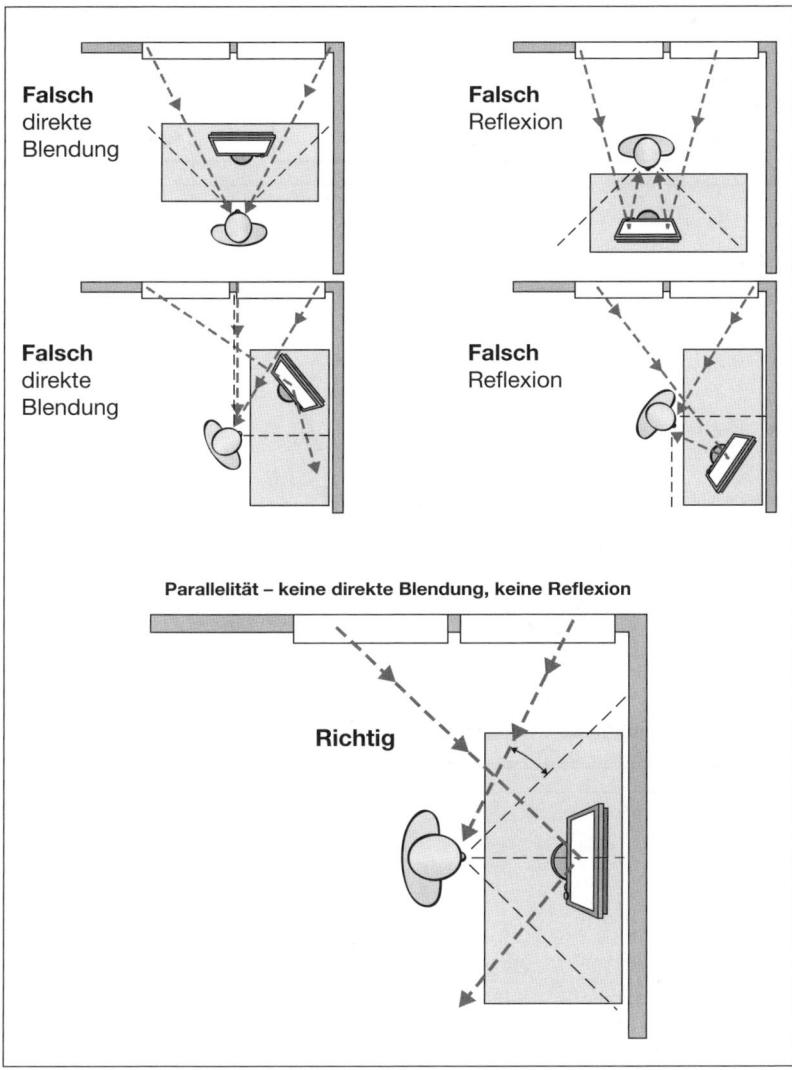

105

Beispiel 2

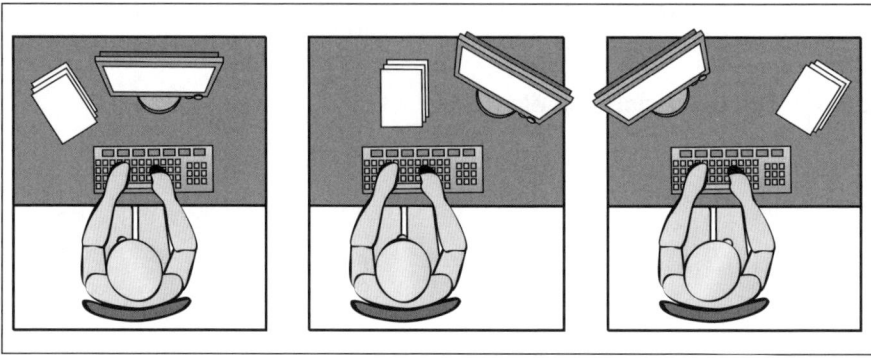

Beispiel 3

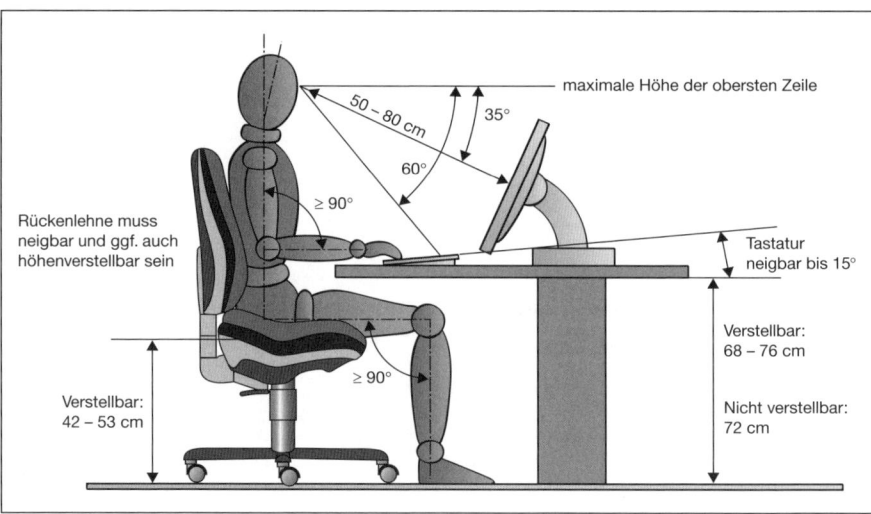

Bildschirmarbeitsplatz (1)
(Mustervorlage)
Gefährdungsbeurteilung gemäß §5 ArbSchG
Stand: _____

Beruf / Tätigkeit: _____

Gebäude / Raum: _____

Beschreibung der Ausgangssituation:
(Beschreibung der Arbeitsaufgabe, der Arbeitsmittel, der räumlichen Gegebenheiten, der Arbeitsorganisation)

* **Arbeitsaufgabe**
  (z.B. Arbeitsaufgabe je Mitarbeiter, Zeitumfang)

* **Arbeitsmittel**
  (z.B. Rechner, Bildschirm, Eingabemittel, Software, Drucker, Möbel, weitere Geräte und Hilfsmittel)

* **räumliche Gegebenheiten**
  (z.B. Lage des Gebäudes, Raumgröße/-gestaltung, raumlufttechnische Anlagen, sonstige Installationen)

* **Arbeitsorganisation**
  (z.B. Kommunikations-/Konzentrationserfordernisse, Arbeitsablauf der Mitarbeiter untereinander, räumliche Einbindung von Dritten, notwendige Flexibilität für die räumlichen Strukturen)

Bemerkungen:

Bildschirmarbeitsplatz (2)
(Mustervorlage)

Gefährdungsbeurteilung gemäß §5 ArbSchG

Stand: _____

Lfd. Nr.	Art der Gefährdungen	Gefahr-faktor G	Maßnahmen
1	**Bildschirmarbeitsplätze** **Beachtung !** **Betriebsanleitungen zu den Einrichtungsgegenständen (z.B. Möbel, Hardware) lesen und beachten!** Eigenmächtige Umbauten und Veränderungen sind verboten. Arbeiten an/mit der Hardware/ Software erst nach Unterweisung durch den zuständigen Vorgesetzten.		**Allgemeines:** • Regelmäßige Überprüfung der elektrischen Einrichtungsgegenstände durch eine dafür beauftragte, befähigte Person gemäß DGUV Vorschrift 3. • Reparaturen nur durch die vom Unternehmer beauftragten, sachkundigen Personen durchführen lassen. • Sachgerechte Entsorgung der im Büro verwendeten Toner, Kontaktpapier, Grafikfarben usw. in gesonderten Behältern. • Störungen an den Einrichtungsgegenständen (z.B. abgebrochene Armlehnen, defekte Stuhlrollen) und am Betriebsgerät (z.B. flackernde Monitore, außergewöhnliche Betriebsgeräusche) sind dem Vorgesetzten sofort zu melden. • Beachtung der aktuellen Dienst-und Betriebsanweisungen • Erstunterweisung, anschließend 1x jährlich und im Bedarfsfall aller Mitarbeiter • Weitere Checklisten/Dokumente zur Beurteilung der Arbeitsbedingungen oder Gefährdungen

2		
	• Gefährdungen durch Klemmen, Quetschen oder Stoßen beim Benutzen von Bürogeräten, Maschinen, Möbeln • Gefährdung durch Stürze • Gefährdungen der Augen (z.B. Überanstrengung, tränende Augen) durch Blendung, Reflexionen, hohe Umgebungskontraste, ungünstige, ungeeignete Raumausleuchtung und ungünstige Sehabstände zum Bildschirm • Unwohlseinbefinden durch schlechtes Raumklima (z.B. Raumtemperatur, Raumluftfeuchtigkeit) • Gefährdungen durch Körperverspannungen (z.B. im Schulter-/Nackenbereich) und Sehnenscheidenentzündungen	• Verwendung von reflexionsarmen ergonomischen Einrichtungsgegenständen. • **Individuelle** Einstellung von verstellbaren Tischen, Stühlen, Monitoren, Tastaturen. • **Bildschirmreflexionen** durch entsprechende Monitoraufstellung vermeiden (parallel zur Fensterfront und Lamellendeckenbeleuchtung). • **Zu hohe Hintergrundkontraste vermeiden** (z.B. Monitor nicht direkt vor Fenster aufstellen). • **Ausreichenden Augenabstand zum Bildschirm einhalten (ca. 50-70 cm)!** • **Direkte Sonneneinstrahlung** an Fenstern durch Verwendung von Lichtschutzeinrichtungen (z.B. Lamellenrollos) **vermeiden.** • **Auf ausreichende Raum-/Tischbeleuchtung und Raumklima achten.** • **Büroräume regelmäßig lüften. Zugluft vermeiden!** • **Abwechslungsreiche Arbeitsabläufe planen** (keine sture Bildschirmarbeit!) • Regelmäßig **Entspannungs-/Dehnungsübungen** an der Muskulatur durchführen. • Flure, Gänge, Treppen und Wege im Büroraum sowie die Zugänge zu den einzelnen Arbeitsplätzen müssen so beschaffen sein, dass sie nach ihrem Bestimmungszweck sicher begangen werden können (frei von Stolperstellen, eben und rutschhemmend). • Türen im Verlauf von Rettungswegen müssen sich ohne fremde Hilfe leicht öffnen lassen. • Versorgungsleitungen zu den Büroarbeitsplätzen müssen an der Wand entlang oder – sofern unvermeidbar, möglichst flach, verkleidet und geordnet über den Fußboden geführt werden. • **Alle Arbeitsmittel** müssen unter den ungünstigsten zu erwartenden Belastungen einer üblichen Nutzung standsicher sein. • Quetsch- und Scherstellen zwischen beweglichen und festen Bauteilen, wie sie bei Schubladen, Fußstützen, Bürostühlen und höhenverstellbaren Tischen auftreten können, müssen vermieden werden.

- **Mindestgrundfläche/Arbeitsplatz:** 8 m² – 10 m² (diese Mindestforderung berücksichtigt nicht den tatsächlichen Platzbedarf aufgrund der benötigten Möbel und Geräte)
- **freie Bewegungsfläche** (Benutzerfläche) am Sitzplatz: **mind. 1,5 m²**
- **Mindesttiefe des Arbeitsplatzes** (Bewegungsfläche des Stuhles): **1 m**
- **Mindestzugangsbreite** (zu jedem Arbeitsplatz): **0,60 m**
- **Freihalten der Möbelfunktionsflächen**
  (Platzbedarf zum Öffnen von Türen und Schubladen)
- **Freihalten einer Fensterzugangsfläche: mind. 0,50 m Breite**
- **Bewegungsflächen, Verkehrswege und Möbelfunktionsflächen** dürfen sich nicht überschneiden
- **Mindestverkehrswegbreite** in Büroräumen je nach nutzender Personenzahl:
  - bis 5 Benutzer 0,80 m
  - bis 20 Benutzer: 0,93 m
  - bis 100 Benutzer: 1,25 m
  - bis 250 Benutzer: 1,75 m
  - bis 400 Benutzer: 2,25 m
  Bei der Ermittlung der Zahl der Benutzer sind Besucher, Kunden usw. einzubeziehen!
- **Tischarbeitsfläche:** 160 cm x 80 cm
- **Mindestsehabstand zum Bildschirm:** 50 cm – 70 cm
- **Raumtemperatur:** 20°C – 22°C (max. 26°C)
- **Raumluftfeuchtigkeit:** 50% – 60%
- **Mindestbeleuchtungsstärke:** 500 Lux

2

Bewertung der Gefährdung

Gefährdung (G)	niedrig	mittel	hoch
Bewertung:	1 – 3	4 – 7	8 – 10

In der Bewertung der Gefährdung ist die **korrekte geplante Ausführung** der Arbeiten berücksichtigt, d.h. der Beschäftigte ist unterwiesen und mit der Ausführung der Tätigkeit und deren Gefahren vertraut.
Dieser Sachverhalt wird in der **Bewertung der Gefährdung (G)** durch den Beurteiler aus der praktischen Erfahrung und der Auswertung von Unfallstatistiken berücksichtigt.

Nicht kalkulierbare Einflüsse bleiben unberücksichtigt, z.B.:

- Stressfaktoren
- Hektik
- Zeitdruck

Erforderliche arbeitsmedizinische Vorsorge:

Zu beachtende Arbeitsschutzvorschriften: ZDv 44/2, ArbSchG, ArbSiG, BetrSichV, DGUV Vorschrift 1

Bemerkungen: _____

Datum, Beurteiler: _____

111

2.7 Brandschutz

(ArbSchG §10, DGUV Vorschrift 1 §22, DGUV Information 205-001, ASR A2.2)

Der Arbeitgeber hat entsprechend der Art der Arbeitsstätte und der Tätigkeiten sowie der Zahl der Beschäftigten die Maßnahmen zu treffen, die zur Brandbekämpfung und Evakuierung der Beschäftigten erforderlich sind. Dabei hat er auch der Anwesenheit anderer Personen Rechnung zu tragen.

Er hat auch dafür zu sorgen, dass im Notfall die erforderlichen Verbindungen zu außerbetrieblichen Stellen zur Brandbekämpfung eingerichtet sind. Der Arbeitgeber hat Beschäftigte schriftlich zu benennen, die Aufgaben der Brandbekämpfung und Evakuierung der Beschäftigten übernehmen (Brandschutzhelfer). Anzahl, Ausbildung und Ausrüstung der benannten Beschäftigten müssen in einem angemessenen Verhältnis zur Zahl der Beschäftigten und zu den bestehenden besonderen Gefahren stehen. Soweit keine besonderen Brandgefahren vorhanden sind, haben sich ca. 5% der Beschäftigten als ausreichend erwiesen.

Vor der Benennung hat der Arbeitgeber den Betriebs- oder Personalrat zu hören. Der Arbeitgeber kann die Aufgaben auch selbst wahrnehmen, wenn er über die erforderliche Ausbildung und Ausrüstung verfügt. Der Arbeitgeber hat eine ausreichende Anzahl von Beschäftigten (Brandschutzhelfer) durch Unterweisung und Übungen im Umgang mit Feuerlöscheinrichtungen zur Bekämpfung von Entstehungsbränden vertraut zu machen.

Brandschutzbeauftragte werden in den Betrieben verstärkt gefordert. Der Brandschutzbeauftragte soll nach seiner Ausbildung den Arbeitgeber in allen Fragen des vorbeugenden, abwehrenden und organisatorischen Brandschutzes beraten und unterstützen.

Insbesondere bei:

- Planung, Ausführung und Unterhaltung von Betriebsanlagen
- Gestaltung von Arbeitsverfahren und Einsatz von Arbeitsstoffen
- Ermitteln von Brand- und Explosionsgefahren
- Erstellen von Brandschutzkonzepten
- Instandhaltung von Brandschutzeinrichtungen
- Zusammenarbeit mit Aufsichtsbehörden und Feuerwehr
- Aufstellen von Brandschutzplänen (z.B. Brandalarmplan, Flucht- und Rettungsplan)
- Ausbildung von Mitarbeitern z.B. zu Brandschutzhelfern

2.7.1 Maßnahmen zur Brandverhütung

- **Rauchen, Feuer und offenes Licht** sind in feuer- und explosionsgefährdeten Räumen verboten.
- **Ölige Putzlappen, Wolle und dgl.** dürfen nicht in der Arbeitskleidung aufbewahrt werden. Hierfür sind unbrennbare, verschlossene Behälter zu benutzen.
- **Feuergefährliche Flüssigkeiten** in bruch- und feuersicheren Gefäßen aufbewaren.
- **Brennbare Flüssigkeiten** dürfen nicht in Wasch-, Toilettenbecken und in andere Ausgüsse geschüttet werden.

- **Altpapier und feuergefährliche Abfälle** nicht auf Dachböden, in Heizungsanlagen und Garagen lagern.

- **Brennbare Abfälle** täglich aus den Betriebsräumen entfernen und zu den vorgeschriebenen Sammelstellen bringen.

- Nach Beendigung von **Schweißarbeiten** die Arbeitsstellen einschließlich Umgebung gründlich und in entsprechenden Zeitabständen mehrmals kontrollieren. In vielen Unternehmen ist es gängige Praxis, dass jede Schweiß-, Schneid- oder andere Feuerarbeit in feuer- und explosionsgefährdeten Bereichen **vorher schriftlich genehmigt** werden muss. Der **Schweißerlaubnisschein** mit der Bezeichnung der Arbeitszeit und der Art der Arbeit wird vom Auftraggeber unterzeichnet. Die anzuwendenden **Schutzmaßnahmen** sind in der Genehmigung schriftlich festzulegen und jedem Beteiligten bekannt zu geben.

- **Rettungswege und Notausgänge** müssen vorhanden sein, möglichst auf kurzem Weg ins Freie oder zu gesicherten Bereichen führen und gekennzeichnet sein. Sie dürfen nicht eingeengt werden und sind stets freizuhalten. Notausgänge müssen sich ohne fremde Hilfsmittel öffnen lassen.

2.7.2 Verhalten im Brandfall

Die *obersten* Gebote im Brandfall lauten:

- Menschenrettung geht vor Brandbekämpfung,

- **Sachwerte sind zu ersetzen, auch wenn sie noch so wertvoll erscheinen.**

Wichtig ist also die Alarmierung **aller** Personen; **auch solcher,** die sich zur Zeit des Brandausbruchs vielleicht zufällig in seltener begangenen Bereichen wie Lagern, Kellern und Bodenräumen aufhalten. Zu denken ist auch an **Betriebsfremde,** denen die Orientierung schwerfallen könnte.

- Bei der Räumung von Gebäuden dürfen **Aufzüge nicht benutzt** werden, da sie bei Stromausfall zu Menschenfallen werden können.

- **Älteren Personen, Behinderten und Ängstlichen** ist bei der Flucht über Feuerleitern Hilfestellung zu geben.

- Bei Rückzug durch verqualmte Räume soll man in gebückter Haltung gehen, um so die in Bodennähe meist noch atembare Luft und bessere Sicht auszunutzen.

- **Niemals mit brennender Kleidung weglaufen,** sondern sich auf den Boden legen und versuchen, durch Herumwälzen die Flammen unter sich zu ersticken.

- **Menschen in brennenden Kleidern** mit Feuerlöschern ablöschen oder in Löschdecken, Wolldecken, Mäntel oder Tücher hüllen, auf den Boden legen und notfalls hin- und herwälzen, um die Flammen zu ersticken.

- In Gefahr befindliche, z.B. durch Feuer eingeschlossene Personen, müssen sich der Feuerwehr bemerkbar machen und ihre Weisungen befolgen.

> Die Alarmierung der Feuerwehr über Feuermelder oder Telefon muss so früh wie möglich erfolgen. Wenn ein Entstehungsbrand nicht durch den Einsatz betrieblicher Mittel binnen kurzem gelöscht werden kann, darf keine Zeit mehr mit weiteren Löschversuchen vergeudet werden. Die Feuerwehr muss unverzüglich gerufen werden.

Notruf: 112

Bei der telefonischen Brandmeldung ist der genaue Brandort anzugeben:

- Straße
- Hausnummer Gebäudeteil
- Gebäudeteil
- Stockwerk
- Raumnummer.

Alarmiert man durch Feuermelder, **muss ein Einweiser** für die Feuerwehr am Melder verbleiben. Zwischenzeitlich sind elektrische Geräte abzuschalten und Gashähne zu schließen. Bei der Brandbekämpfung mit betrieblichen Mitteln ist nicht nur das Feuer zu beachten, sondern auch die **Vergiftungs- und Erstickungsgefahr**, die vom Brand ausgeht. Daher muss man bei Rauchentwicklung gebückt gehen und auch die Löschversuche in gebückter Haltung durchführen.

Beim Einsatz von Feuerlöschern müssen zu elektrischen Anlagen mit Spannungen **bis 1000 Volt** folgende **Sicherheitsabstände** eingehalten werden:

- bei Wasserlöschern mit Vollstrahl und Schaumlöschern **3 m**,
- bei Wasserlöschern mit Sprühstrahl **1 m**,
- bei Pulverlöschern **1 m**,
- bei Kohlendioxidlöschern **1 m**.

2.8   Ergonomie

(ArbSchG, BetrSichV §6 (1), TRBS 1111 (3.1), TRBS 1151)

Bei der Beurteilung der Arbeitsbedingungen sind auch die ergonomischen Zusammenhänge zwischen Arbeitsplatz, Arbeitsmittel, Arbeitsorganisation, Arbeitsablauf und Arbeitsaufgabe zu berücksichtigen. Maßnahmen des Arbeitsschutzes schließen die menschengerechte Gestaltung der Arbeit mit ein. Die unzureichende Berücksichtigung ergonomischer Zusammenhänge bei der Bereitstellung und Benutzung von Arbeitsmitteln kann Fehlbeanspruchungen, Gefährdungen oder Handlungsfehler verursachen. Die ermittelten Gefährdungen an der Schnittstelle „Arbeitsmittel ⇔ Mensch" sind mit Bezug auf die Arbeitsaufgabe (gesundheitliche Beeinträchtigungen und fehlerfreie Ausführung) entsprechend zu bewerten.

Ergonomische Gefährdungen können z.B. bestehen durch:

- unklare Handlungsanweisungen
- zu viele Handlungsschritte ohne Anweisung
- Überforderung durch mangelnde Übung
- unzureichende Anordnung von Anzeigen, Schaltbildern und Bedienelementen
- unzureichende Beleuchtung des Arbeitsbereiches
- zu hohe Informationsdichte (Meldeflut)
- Monotonie und Wachsamkeitsabfall

- Lärm am Arbeitsplatz
- mangelnde Konzentration
- Übermüdung
- unzureichende Qualifikation
- Verwendung ungeeigneter Arbeitsmittel
- mangelhaft gestaltete Bedienelemente
- mangelhaft berücksichtigtes Reflexverhalten
- Umgehung/Manipulation von Sicherheitseinrichtungen
- unangemessene physische Belastung
- ungünstige Körperhaltungen (Zwangshaltungen)

Dabei ist weiter zu beachten, dass die ergonomischen Gefährdungen nicht nur für sich einzeln, sondern oder insbesondere sich häufig aus mehreren Faktoren zwischen Arbeitsmitteln, Arbeitsstoffen, Arbeitsumgebungen und deren Wechselwirkungen mit-/untereinander ergeben. Auch stehen ergonomische Gefährdungen und psychische Belastungen am Arbeitsplatz in ihren Wirkungen in einem unmittelbaren Zusammenhang und müssen bei der Gefährdungsbeurteilung und der Auswahl/Gestaltung der geeigneten Schutzmaßnahmen miteinander berücksichtigt werden.

Bei der Gestaltung des Arbeitsplatzes an der Schnittstelle „Arbeitsmittel ⇔ Mensch" ist die ergonometrische Körperhaltung bei der Arbeit besonders zu beachten.

Grundlegende Parameter zur ergonometrischen **Körperhaltung** sind dabei:

- Körpermaße
- Körperhaltung
- Sichtgeometrie
- Bewegungsräume und -häufigkeiten
- Anpassung von Handwerkzeugen, Griffen und Bedienelementen an die Form und Beweglichkeit der Hand.

Durch z.B. Fehl- oder Zwangshaltungen, besonders, wenn diese regelmäßig andauernd über einen längeren Zeitraum eingenommen werden, führt das zu einer Überbeanspruchung des Muskel-/Skelettsystems. Langfristig können dadurch bleibende oder chronische Gesundheitsbeschwerden entstehen, z.B. Rücken-/Wirbelsäulen-/Gelenkbeschwerden.

Ein entscheidendes Kriterium ist dabei die Zeitdauer (Dauer ohne Entlastungen) der **statischen** Haltungsbelastung (statische Muskelarbeit). Über den Arbeitstag sollte der Arbeitsablauf so „dynamisch" wie möglich, durch regelmäßigen Wechsel der Arbeiten im Sitzen, Stehen und Gehen, gestaltet werden. Dazu muss am Arbeitsplatz auch ein entsprechender „Bewegungsfreiraum" vorhanden sein.

> **Eine ausgewogene Belastung soll ca. 60 % Sitzen, ca. 30 % Stehen und ca. 10 % Gehen beinhalten.**

Richtwerte für den Raumbedarf

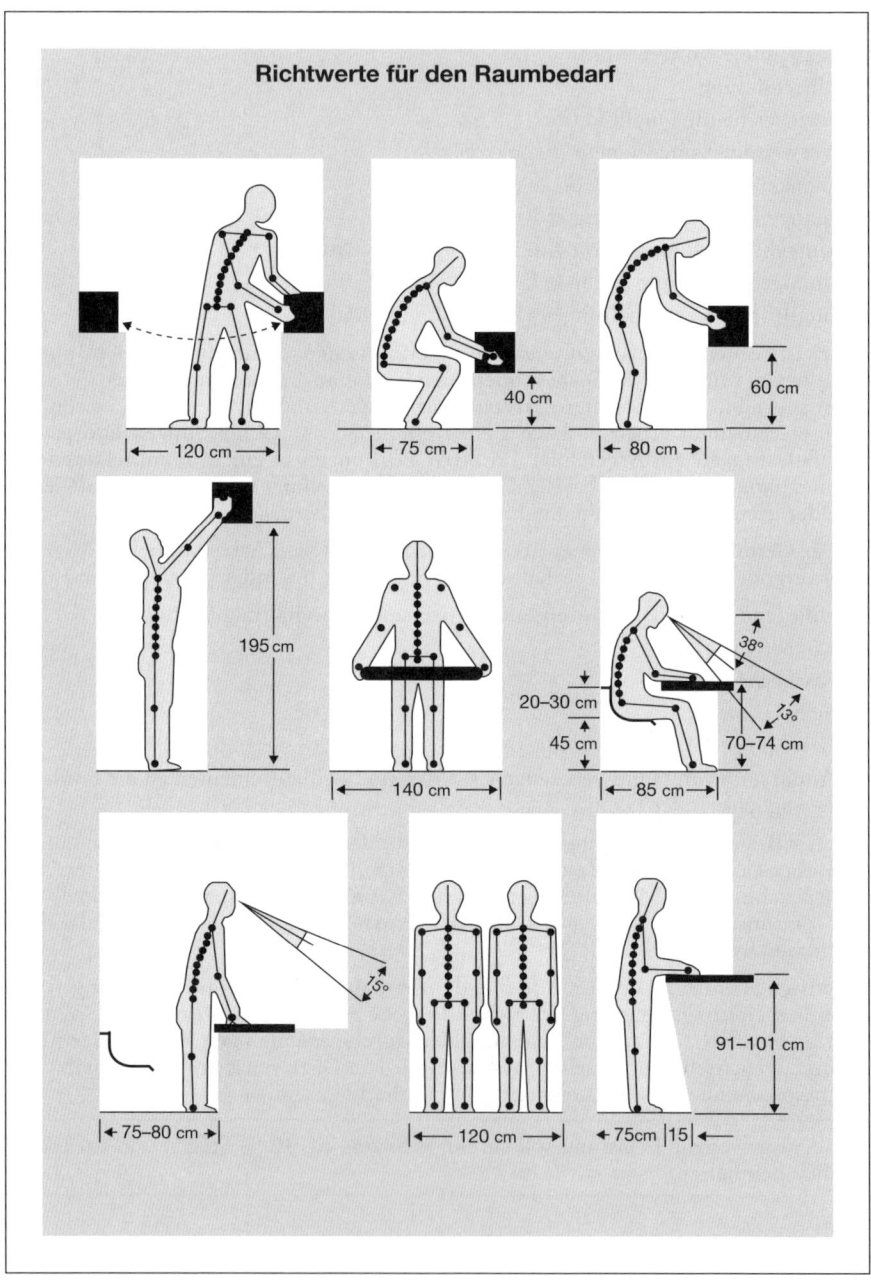

Ergonometrische Risikobeurteilung

(Stand: _____) 1/2

(Mustervorlage)

Arbeitstätigkeit: _____

Arbeitsmittel: _____

bequem (entspannt)	Bewertung der Körperhaltung (Belastung des Muskel-/Skelettsystems)				Bemerkungen (Mangelbeschreibung)
keine Maßnahmen erforderlich	verspannt (ermüdend)	einseitig (belastend)	Zwangshaltung	Belastungsdauer	z.B.: Körperteil, ungünstige Platzierung, zu hart, zu weich, zu schwer, zu eng, zu dunkel, zu hoch, zu niedrig, zu laut, Zeitangabe, Platzverhältnisse, Gewichtsverteilung, Beleuchtung, Griffform, Verstellbarkeit, Abstand, statisch/monoton
0					

Belastung	keine	niedrig	mittel	hoch
Bewertung:	0	1 – 3	4 – 7	8 – 10

- **Niedrig:** Leichte, nur kurzzeitig auftretende Beschwerden (Gewöhnungsbeschwerden). Es sind **keine** bleibenden Gesundheitsbeschwerden zu erwarten. **Maßnahmen empfohlen.**

- **Mittel:** Vorrübergehende (nicht chronische) Beschwerden mit Beeinträchtigungen des Muskel-/Skelettsystems. Bleibende Gesundheitsbeschwerden können langfristig **nicht** ausgeschlossen werden. **Maßnahmen erforderlich.**

- **Hoch:** Anhaltende (chronische) Beschwerden mit erheblichen Beeinträchtigungen des Muskel-/Skelettsystems. Bleibende Gesundheitsbeschwerden **sind** zu erwarten. **Maßnahmen vor Tätigkeitsaufnahme zwingend.**

Anmerkung: Zum Zeitpunkt der Beurteilung lagen keine Fehlbildungen oder gesundheitliche Vorerkrankungen des Muskel-/Skelettsystems vor.

Datum, Beurteiler:

Ergonometrische Maßnahmen

2/2

Technische:

-
-
-

Organisatorische:

-
-
-

Persönliche (PSA):

-
-
-

Datum, Beurteiler:

2.9 Erste Hilfe und Notfall-Maßnahmen

(ArbSchG §10, DGUV Vorschrift 1 §24-27, DGUV Informationen 204-006, 204-022, 204-00X, 204-007)

Der Arbeitgeber hat dafür zu sorgen, dass zur Ersten Hilfe und zur Rettung aus Gefahr die erforderlichen Einrichtungen und Sachmittel sowie das erforderliche Personal zur Verfügung stehen. Der Arbeitgeber hat die Beschäftigten durch Aushänge zu informieren oder, in anderer schriftlicher Form, Hinweise zu geben:

- zur Ersten Hilfe
- Angaben über Notruf-, Erste Hilfe- und Rettungseinrichtungen
- das Erste-Hilfe-Personal
- herbeizuziehende Ärzte
- anzufahrende Krankenhäuser

Die Aushänge/Hinweise sind aktuell zu halten. Der Arbeitgeber hat dafür zu sorgen, dass Erste-Hilfe-Leistungen dokumentiert und vertraulich behandelt werden. Die Dokumentation ist fünf Jahre lang verfügbar zu halten.

Der Arbeitgeber hat, unter Berücksichtigung der betrieblichen Verhältnisse, dafür zu sorgen, dass durch geeignete Meldeeinrichtungen und geeignete organisatorische Maßnahmen unverzüglich die notwendige Hilfe herbeigerufen und an den Einsatzort geleitet werden kann.

Der Arbeitgeber hat das Erste-Hilfe-Material jederzeit schnell erreichbar und leicht zugänglich in geeigneten Behältnissen in ausreichender Menge bereit zu stellen. Das Erste-Hilfe-Material ist rechtzeitig zu ergänzen bzw. zu erneuern.

Der Arbeitgeber hat für Erste-Hilfe-Leistungen Ersthelfer ausbilden zu lassen und in entsprechender Anzahl schriftlich zu bestellen, mindestens:

- bei 2 – 20 Beschäftigten 1 Ersthelfer
- bei mehr als 20 Beschäftigten:
- in Verwaltungs- und Handelsbetrieben 5% der Beschäftigten
- in sonstigen Betrieben 10% der Beschäftigten

Vor der Benennung hat der Arbeitgeber den Betriebs- oder Personalrat zu hören. In Abstimmung mit der Berufsgenossenschaft und unter der Berücksichtigung der Gefährdungen sowie des betrieblichen Rettungswesens kann von der Anzahl der Ersthelfer abgewichen werden.

Der Arbeitgeber hat die ausgebildeten Ersthelfer in der Regel alle zwei Jahre fortzubilden. Zusätzliche Aus- und Fortbildungen, die nicht Gegenstand der allgemeinen Ausbildung zum Ersthelfer sind, sind nach der Art des Betriebes durch den Arbeitgeber zu veranlassen.

2.10 Explosionsschutzdokumentation

(DGUV Regel 113-001, GefStoffV §11)

Der Arbeitgeber hat in seinem Betrieb alle explosionsgefährdeten Bereiche zu beurteilen, in denen die Bildung gefährlicher explosionsfähiger Atmosphären nicht sicher verhindert werden kann und hat das Ergebnis zu dokumentieren. Der Arbeitgeber hat unabhängig von der Zahl der Beschäftigten im Rahmen seiner Gefährdungsbeurteilungen sicherzustellen, dass ein Explosionsschutzdokument erstellt und auf dem letzten Stand gehalten wird.

Das Explosionsschutzdokument ist vor Aufnahme der Arbeit zu erstellen. Es ist zu überarbeiten, wenn Veränderungen, Erweiterungen oder Umgestaltungen der Arbeitsmittel oder des Arbeitsablaufes vorgenommen werden.

Aus dem Explosionsschutzdokument muss insbesondere hervorgehen:

- dass die Explosionsgefährdungen ermittelt und einer Bewertung unterzogen worden sind;
- dass angemessene Vorkehrungen getroffen werden, um die Ziele des Explosionsschutzes zu erreichen;
- welche Bereiche in entsprechende Zonen eingeteilt wurden;
- für welche Bereiche die Mindestvorschriften zum Explosionsschutz gelten.

2.10.1 Zoneneinteilung explosionsgefährdeter Bereiche

(GefStoffv §6, Anhang I Nr. 1)

1. Vorbemerkung
Die nachfolgende Zoneneinteilung gilt für Bereiche, in denen Vorkehrungen gemäß Anhang I Nr. 1 getroffen werden müssen. Aus dieser Einteilung ergibt sich der Umfang der zu ergreifenden Vorkehrungen.

Schichten, Ablagerungen und Aufhäufungen von brennbarem Staub sind wie jede andere Ursache, die zur Bildung einer gefährlichen explosionsfähigen Atmosphäre führen kann, zu berücksichtigen.

Als Normalbetrieb gilt der Zustand, in dem Anlagen innerhalb ihrer Auslegungsparameter benutzt werden.

2. Zoneneinteilung
Explosionsgefährdete Bereiche werden nach Häufigkeit und Dauer des Auftretens von gefährlicher explosionsfähiger Atmosphäre in Zonen unterteilt.

2.1 Zone 0
ist ein Bereich, in dem gefährliche explosionsfähige Atmosphäre als Gemisch aus Luft und brennbaren Gasen, Dämpfen oder Nebeln ständig, über lange Zeiträume oder häufig vorhanden ist.

2.2 Zone 1
ist ein Bereich, in dem sich bei Normalbetrieb gelegentlich eine gefährliche explosionsfähige Atmosphäre als Gemisch aus Luft und brennbaren Gasen, Dämpfen oder Nebeln bilden kann.

2.3 Zone 2

ist ein Bereich, in dem bei Normalbetrieb eine gefährlich explosionsfähige Atmosphäre als Gemisch aus Luft und brennbaren Gasen, Dämpfen oder Nebeln normalerweise nicht oder aber nur kurzzeitig auftritt.

2.4 Zone 20

ist ein Bereich, in dem gefährliche explosionsfähige Atmosphäre in Form einer Wolke aus in der Luft enthaltenem brennbaren Staub ständig, über lange Zeiträume oder häufig vorhanden ist.

2.5 Zone 21

ist ein Bereich, in dem sich bei Normalbetrieb gelegentlich eine gefährliche explosionsfähige Atmosphäre in Form einer Wolke aus in der Luft enthaltenem brennbaren Staub bilden kann.

2.6 Zone 22

ist ein Bereich, in dem bei Normalbetrieb eine gefährliche explosionsfähige Atmosphäre in Form einer Wolke aus in der Luft enthaltenem brennbaren Staub normalerweise nicht oder aber nur kurzzeitig auftritt.

Grundsatz: Im Zweifelsfall ist die strengere Zone zu wählen!

Für explosionsgefährdete Bereiche, die **nicht** in Zonen eingeteilt sind, sind die Maßnahmen auf der Grundlage der **Gefährdungsbeurteilung** festzulegen und durchzuführen. Dies gilt insbesondere für:

- zeitlich und örtlich begrenzte Tätigkeiten, bei denen nur für die Dauer dieser Tätigkeiten mit dem Auftreten gefährlicher explosionsfähiger Atmosphäre gerechnet werden muss,
- An- und Abfahrprozesse in Anlagen, die nur sehr selten oder ausnahmsweise durchgeführt werden müssen und
- Errichtungs- oder Instandhaltungsarbeiten.

Anmerkung: Wird auf eine Zoneneinteilung (Kann-Bestimmung) verzichtet, **muss** stets **Zündquellenfreiheit** sichergestellt sein. Alle Explosionsschutzmaßnahmen **müssen** für die **höchsten** Anforderungen ausgelegt werden, d.h. es sind die Schutzmaßnahmen der **Zone 0/Zone 20** festzulegen und anzuwenden.

2.10.2 Mindestvorschriften für Einrichtungen in explosionsgefährdeten Bereichen sowie für Einrichtungen in nichtexplosionsgefährdeten Bereichen, die für den Explosionsschutz in explosionsgefährdeten Bereichen von Bedeutung sind

Vorbemerkung:

Die Anforderungen gelten

- für Bereiche, die als explosionsgefährdet eingestuft und in Zonen eingeteilt sind, in allen Fällen, in denen die Eigenschaften der Arbeitsumgebung, der Arbeitsplätze, der verwendeten Arbeitsmittel oder Stoffe sowie deren Wechselwirkung untereinander und die von der Benutzung ausgehenden Gefährdungen durch gefährliche explosionsfähige Atmosphären dies erfordern und

- für Einrichtungen in nicht explosionsgefährdeten Bereichen, die für den explosionssicheren Betrieb von Arbeitsmitteln, die sich innerhalb von explosionsgefährdeten Bereichen befinden, erforderlich sind oder dazu beitragen.

Arbeitsmittel einschließlich Anlagen und Geräte, Schutzsysteme und den dazugehörigen Verbindungsvorrichtungen dürfen nur in Betrieb genommen werden, wenn aus der Dokumentation der Gefährdungsbeurteilung hervorgeht, dass sie in explosionsgefährdeten Bereichen sicher verwendet werden können. Dies gilt auch für Arbeitsmittel und die dazugehörigen Verbindungsvorrichtungen, die nicht Geräte oder Schutzsysteme im Sinne der Richtlinie 2014/34/EU des Europäischen Parlaments und des Rates vom 26. Februar 2014 zur Harmonisierung der Rechtsvorschriften der Mitgliedstaaten für Geräte und Schutzsysteme zur bestimmungsgemäßen Verwendung in explosionsgefährdeten Bereichen (ABl. L 96 vom 29.3.2014, S. 309) sind, wenn ihre Verwendung in einer Einrichtung an sich eine potenzielle Zündquelle darstellt. Verbindungsvorrichtungen dürfen nicht verwechselt werden können; hierfür sind die erforderlichen Maßnahmen zu ergreifen.

Kriterien für die Auswahl von Geräten und Schutzsystemen

(BetrSichV §9(4))

Sofern im Explosionsschutzdokument unter Zugrundelegung der Ergebnisse der Gefährdungsbeurteilung nichts anderes vorgesehen ist, sind in explosionsgefährdeten Bereichen Geräte und Schutzsysteme entsprechend den Kategorien gemäß der Richtlinie 94/9/EG auszuwählen.

Insbesondere sind in explosionsgefährdeten Bereichen folgende Kategorien von Geräten zu verwenden, sofern sie für brennbare Gase, Dämpfe, Nebel oder Stäube geeignet sind

- in Zone 0 oder Zone 20: Geräte der Kategorie 1,
- in Zone 1 oder Zone 21: Geräte der Kategorie 1 oder der Kategorie 2,
- in Zone 2 oder Zone 22: Geräte der Kategorie 1, der Kategorie 2 oder der Kategorie 3.

2.10.3 Grundlegende Anforderungen zum Schutz vor Brand- und Explosionsgefährdungen

Vorbemerkung:

Für Arbeiten in explosionsgefährdeten Bereichen muss der Arbeitgeber die Beschäftigten ausreichend und angemessen hinsichtlich des Explosionsschutzes unterweisen.

Schriftliche Anweisungen, Arbeitsfreigaben, Aufsicht

Arbeiten in explosionsgefährdeten Bereichen sind gemäß den schriftlichen Anweisungen des Arbeitgebers auszuführen; ein Arbeitsfreigabesystem ist anzuwenden bei

- gefährlichen Tätigkeiten und
- Tätigkeiten, die durch Wechselwirkung mit anderen Arbeiten gefährlich werden können.

Die Arbeitsfreigabe ist vor Beginn der Arbeiten von einer hierfür verantwortlichen Person zu erteilen.

Während der Anwesenheit von Beschäftigten in explosionsgefährdeten Bereichen ist eine angemessene Aufsicht gemäß den Grundsätzen der Gefährdungsbeurteilung zu gewährleisten.

- Explosionsgefährdete Bereiche sind an ihren Zugängen mit Warnzeichen nach Anhang III der Richtlinie 1999/92/EG des Europäischen Parlaments und des Rates vom 16. Dezember 1999 über Mindestvorschriften zur Verbesserung des Gesundheitsschutzes und der Sicherheit der Arbeitnehmer, die durch explosionsfähige Atmosphäre gefährdet werden können (Fünfzehnte Einzelrichtlinie im Sinne von Artikel 16 Abs. 1 der Richtlinie 89/391/EWG), zu kennzeichnen.

- In explosionsgefährdeten Bereichen sind Zündquellen, wie zum Beispiel das Rauchen und die Verwendung von offenem Feuer und offenem Licht, zu verbieten. Ferner ist das Betreten von explosionsgefährdeten Bereichen durch Unbefugte zu verbieten. Auf das Verbot muss deutlich erkennbar und dauerhaft hingewiesen sein.

(1) Der Arbeitgeber hat auf der Grundlage der Gefährdungsbeurteilung nach § 6 die organisatorischen und technischen Schutzmaßnahmen nach dem Stand der Technik festzulegen, die zum Schutz von Gesundheit und Sicherheit der Beschäftigten oder anderer Personen vor Brand- und Explosionsgefährdungen erforderlich sind.

(2) Die Mengen an Gefahrstoffen sind im Hinblick auf die Brandbelastung, die Brandausbreitung und Explosionsgefährdungen so zu begrenzen, dass die Gefährdung durch Brände und Explosionen so gering wie möglich ist.

(3) Zum Schutz gegen das unbeabsichtigte Freisetzen von Gefahrstoffen, die zu Brand- oder Explosionsgefährdungen führen können, sind geeignete Maßnahmen zu ergreifen. Insbesondere müssen:

1. Gefahrstoffe in Arbeitsmitteln und Anlagen sicher zurückgehalten werden und Zustände wie gefährliche Temperaturen, Über- und Unterdrücke, Überfüllungen, Korrosionen sowie andere gefährliche Zustände vermieden werden,

2. Gefahrstoffströme von einem schnell und ungehindert erreichbaren Ort aus durch Stillsetzen der Förderung unterbrochen werden können,

3. gefährliche Vermischungen von Gefahrstoffen vermieden werden.

Soweit nach der Gefährdungsbeurteilung erforderlich, müssen Gefahrstoffströme automatisch begrenzt oder unterbrochen werden können.

(4) Frei werdende Gefahrstoffe, die zu Brand- oder Explosionsgefährdungen führen können, sind an ihrer Austritts- oder Entstehungsstelle gefahrlos zu beseitigen, soweit dies nach dem Stand der Technik möglich ist.

Ausgetretene flüssige Gefahrstoffe sind aufzufangen. Flüssigkeitslachen und Staubablagerungen sind gefahrlos zu beseitigen.

Schutzmaßnahmen in Arbeitsbereichen mit Brand- und Explosionsgefährdungen

(1) Arbeitsbereiche mit Brand- oder Explosionsgefährdungen sind:

1. mit Flucht- und Rettungswegen sowie Ausgängen in ausreichender Zahl so auszustatten, dass die Beschäftigten die Arbeitsbereiche im Gefahrenfall schnell, ungehindert und sicher verlassen und Verunglückte jederzeit gerettet werden können,

2. so zu gestalten und auszulegen, dass die Übertragung von Bränden und Explosionen sowie die Auswirkungen von Bränden und Explosionen auf benachbarte Bereiche vermieden werden,

3. mit ausreichenden Feuerlöscheinrichtungen auszustatten; die Feuerlöscheinrichtungen müssen, sofern sie nicht selbsttätig wirken, gekennzeichnet, leicht zugänglich und leicht zu handhaben sein,

4. mit Angriffswegen zur Brandbekämpfung zu versehen, die so angelegt und gekennzeichnet sind, dass sie mit Lösch- und Arbeitsgeräten schnell und ungehindert zu erreichen sind.

(2) In Arbeitsbereichen mit Brand-oder Explosionsgefährdungen sind das Rauchen und das Verwenden von offenem Feuer und offenem Licht zu verbieten. Unbefugten ist das Betreten von Bereichen mit Brand- oder Explosionsgefährdungen zu verbieten. Auf die Verbote muss deutlich erkennbar und dauerhaft hingewiesen werden.

(3) Durch geeignete Maßnahmen ist zu gewährleisten, dass Personen im Gefahrenfall rechtzeitig, angemessen, leicht wahrnehmbar und unmissverständlich gewarnt werden können.

(4) Soweit nach der Gefährdungsbeurteilung erforderlich,

1. muss es bei Energieausfall möglich sein, die Geräte und Schutzsysteme unabhängig vom übrigen Betriebssystem in einem sicheren Betriebszustand zu halten,

2. müssen im Automatikbetrieb laufende Geräte und Schutzsysteme, die vom bestimmungsgemäßen Betrieb abweichen, unter sicheren Bedingungen von Hand abgeschaltet werden können und

3. müssen gespeicherte Energien beim Betätigen der Notabschalteinrichtungen so schnell und sicher wie möglich abgebaut oder isoliert werden.

Organisatorische Maßnahmen

(1) Der Arbeitgeber darf Tätigkeiten mit Gefahrstoffen, die zu Brand- oder Explosionsgefährdungen führen können, nur zuverlässigen, mit den Tätigkeiten, den dabei auftretenden Gefährdungen und den erforderlichen Schutzmaßnahmen vertrauten und entsprechend unterwiesenen Beschäftigten übertragen.

(2) In Arbeitsbereichen mit Gefahrstoffen, die zu Brand- oder Explosionsgefährdungen führen können, ist bei besonders gefährlichen Tätigkeiten und bei Tätigkeiten, die durch eine Wechselwirkung mit anderen Tätigkeiten Gefährdungen verursachen können, ein Arbeitsfreigabesystem mit besonderen schriftlichen Anweisungen des Arbeitgebers anzuwenden. Die Arbeitsfreigabe ist vor Beginn der Tätigkeiten von einer hierfür verantwortlichen Person zu erteilen.

(3) Werden in Arbeitsbereichen, in denen Tätigkeiten mit Gefahrstoffen ausgeübt werden, die zu Brand- oder Explosionsgefährdungen führen können, Beschäftigte tätig und kommt es dabei zu einer besonderen Gefährdung, sind zuverlässige, mit den Tätigkeiten, den dabei auftretenden Gefährdungen und den erforderlichen Schutzmaßnahmen vertraute Personen mit der Aufsichtsführung zu beauftragen. Die Aufsicht führende Person hat insbesondere dafür zu sorgen, dass

1. mit den Tätigkeiten erst begonnen wird, wenn die in der Gefährdungsbeurteilung nach § 6 festgelegten Maßnahmen ergriffen sind und ihre Wirksamkeit nachgewiesen ist, und

2. ein schnelles Verlassen des Arbeitsbereichs jederzeit möglich ist.

Schutzmaßnahmen für die Lagerung

(1) Gefahrstoffe dürfen nur an dafür geeigneten Orten und in geeigneten Einrichtungen gelagert werden. Sie dürfen nicht an oder in der Nähe von Orten gelagert werden, an denen dies zu einer Gefährdung der Beschäftigten oder anderer Personen führen kann.

(2) In Arbeitsräumen dürfen Gefahrstoffe nur gelagert werden, wenn die Lagerung mit dem Schutz der Beschäftigten vereinbar ist und in besonderen Einrichtungen erfolgt, die dem Stand der Technik entsprechen.

(3) Gefahrstoffe dürfen nicht zusammen gelagert werden, wenn dies zu einer Erhöhung der Brand- oder Explosionsgefährdung führen kann, insbesondere durch gefährliche Vermischungen, oder wenn die gelagerten Gefahrstoffe in gefährlicher Weise miteinander reagieren können. Gefahrstoffe dürfen ferner nicht zusammen gelagert werden, wenn dies bei einem Brand oder einer Explosion zu zusätzlichen Gefährdungen von Beschäftigten oder von anderen Personen führen kann.

(4) Bereiche, in denen brennbare Gefahrstoffe in solchen Mengen gelagert werden, dass eine erhöhte Brandgefährdung besteht, sind mit dem Warnzeichen „Warnung vor feuergefährlichen Stoffen oder hoher Temperatur" nach Anhang II Nummer 3.2 der Richtlinie 92/58/EWG des Rates vom 24. Juni 1992 über Mindestvorschriften für die Sicherheits- und/oder Gesundheitsschutzkennzeichnung am Arbeitsplatz (Neunte Einzelrichtlinie im Sinne von Artikel 16 Absatz 1 der Richtlinie 89/391/EWG) (ABl. L 245 vom 26.8.1992, S. 23) zu kennzeichnen.

(5) Soweit nach der Gefährdungsbeurteilung erforderlich, sind zu Lagerorten von Gefahrstoffen Schutz- und Sicherheitsabstände einzuhalten. Dabei ist ein Sicherheitsabstand der erforderliche Abstand zwischen Lagerorten und zu schützenden Personen, ein Schutzabstand ist der erforderliche Abstand zum Schutz des Lagers gegen gefährliche Einwirkungen von außen.

2.10.4 Mindestvorschriften für den Explosionsschutz bei Tätigkeiten in Bereichen mit gefährlichen explosionsfähigen Gemischen

(1) Bei der Festlegung von Schutzmaßnahmen nach § 11 Absatz 2 Nummer 1 sind insbesondere Maßnahmen nach folgender Rangfolge zu ergreifen:

1. es sind Stoffe und Zubereitungen einzusetzen, die keine explosionsfähigen Gemische bilden können, soweit dies nach dem Stand der Technik möglich ist,

2. ist dies nicht möglich, ist die Bildung von gefährlichen explosionsfähigen Gemischen zu verhindern oder einzuschränken, soweit dies nach dem Stand der Technik möglich ist,

3. gefährliche explosionsfähige Gemische sind gefahrlos nach dem Stand der Technik zu beseitigen.

Soweit nach der Gefährdungsbeurteilung erforderlich, sind die Maßnahmen zur Vermeidung gefährlicher explosionsfähiger Gemische durch geeignete technische Einrichtungen zu überwachen.

(2) Kann nach Durchführung der Maßnahmen nach Absatz 1 die Bildung gefährlicher explosionsfähiger Gemische nicht sicher verhindert werden, hat der Arbeitgeber zu beurteilen:

1. die Wahrscheinlichkeit und die Dauer des Auftretens gefährlicher explosionsfähiger Gemische,

2. die Wahrscheinlichkeit des Vorhandenseins, der Entstehung und des Wirksamwerdens von Zündquellen einschließlich elektrostatischer Entladungen und

3. das Ausmaß der zu erwartenden Auswirkungen von Explosionen.

Treten bei explosionsfähigen Gemischen mehrere Arten von brennbaren Gasen, Dämpfen, Nebeln oder Stäuben gleichzeitig auf, so müssen die Schutzmaßnahmen auf die größte Gefährdung ausgerichtet sein.

(3) Kann das Auftreten gefährlicher explosionsfähiger Gemische nicht sicher verhindert werden, sind Schutzmaßnahmen zu ergreifen, um eine Zündung zu vermeiden. Für die Festlegung von Maßnahmen und die Auswahl der Arbeitsmittel kann der Arbeitgeber explosionsgefährdete Bereiche in Zonen einteilen und entsprechende Zuordnungen nach vornehmen.

(4) Kann eine Explosion nicht sicher verhindert werden, sind Maßnahmen des konstruktiven Explosionsschutzes zu ergreifen, um die Ausbreitung der Explosion zu begrenzen und die Auswirkungen der Explosion auf die Beschäftigten so gering wie möglich zu halten.

2.10.5 Mindestvorschriften zur Verbesserung der Sicherheit und des Gesundheitsschutzes

(GefStoffV Anhang 1)

1. Vorbemerkung

Die Anforderungen dieses Anhangs gelten

- für Bereiche, die gemäß Anhang 3 als explosionsgefährdet eingestuft und in Zonen eingeteilt sind, in allen Fällen, in denen die Eigenschaften der Arbeitsumgebung, der Arbeitsplätze, der verwendeten Arbeitsmittel oder Stoffe sowie deren Wechselwirkung untereinander und die von der Benutzung ausgehenden Gefährdungen durch gefährliche explosionsfähige Atmosphären dies erfordern, und

- für Einrichtungen in nicht explosionsgefährdeten Bereichen, die für den explosionssicheren Betrieb von Arbeitsmitteln, die sich innerhalb von explosionsgefährdeten Bereichen befinden, erforderlich sind oder dazu beitragen.

2. Organisatorische Maßnahmen

2.1 Unterweisung der Beschäftigten

Für Arbeiten in explosionsgefährdeten Bereichen muss der Arbeitgeber die Beschäftigten ausreichend und angemessen hinsichtlich des Explosionsschutzes unterweisen.

2.2 Schriftliche Anweisungen, Arbeitsfreigaben, Aufsicht

Arbeiten in explosionsgefährdeten Bereichen sind gemäß den schriftlichen Anweisungen des Arbeitgebers auszuführen; ein Arbeitsfreigabesystem ist anzuwenden bei

- gefährlichen Tätigkeiten und
- Tätigkeiten, die durch Wechselwirkung mit anderen Arbeiten gefährlich werden können.

Die Arbeitsfreigabe ist vor Beginn der Arbeiten von einer hierfür verantwortlichen Person zu erteilen. Während der Anwesenheit von Beschäftigten in explosionsgefährdeten Bereichen ist eine angemessene Aufsicht gemäß den Grundsätzen der Gefährdungsbeurteilung zu gewährleisten.

2.3 Explosionsgefährdete Bereiche sind an ihren Zugängen mit Warnzeichen nach Anhang III der Richtlinie 1999/92/EG des Europäischen Parlaments und des Rates vom 16. Dezember 1999 über Mindestvorschriften zur Verbesserung des Gesundheitsschutzes und der Sicherheit der Arbeitnehmer, die durch explosionsfähige Atmosphäre gefährdet werden können (Fünfzehnte Einzelrichtlinie im Sinne von Artikel 16 Abs. 1 der Richtlinie 89/391/ EWG), zu kennzeichnen.

2.4 In explosionsgefährdeten Bereichen sind Zündquellen, wie zum Beispiel das Rauchen und die Verwendung von offenem Feuer und offenem Licht, zu verbieten. Ferner ist das Betreten von explosionsgefährdeten Bereichen durch Unbefugte zu verbieten. Auf das Verbot muss deutlich erkennbar und dauerhaft hingewiesen sein.

3. Explosionsschutzmaßnahmen

3.1 Treten innerhalb eines explosionsgefährdeten Bereichs mehrere Arten von brennbaren Gasen, Dämpfen, Nebeln oder Stäuben auf, so müssen die Schutzmaßnahmen auf das größtmögliche Gefährdungspotenzial ausgelegt sein.

3.2 Anlagen, Geräte, Schutzsysteme und die dazugehörigen Verbindungsvorrichtungen dürfen nur in Betrieb genommen werden, wenn aus dem Explosionsschutzdokument hervorgeht, dass sie in explosionsgefährdeten Bereichen sicher verwendet werden können. Dies gilt ebenfalls für Arbeitsmittel und die dazugehörigen Verbindungsvorrichtungen, die nicht als Geräte oder Schutzsysteme im Sinne der Richtlinie 94/9/EG gelten, wenn ihre Verwendung in einer Einrichtung an sich eine potenzielle Zündquelle darstellt. Es sind die erforderlichen Maßnahmen zu ergreifen, damit Verbindungsvorrichtungen nicht verwechselt werden.

3.3 Es sind alle erforderlichen Vorkehrungen zu treffen, um sicherzustellen, dass der Arbeitsplatz, die Arbeitsmittel und die dazugehörigen Verbindungsvorrichtungen, die den Arbeitnehmern zur Verfügung gestellt werden, so konstruiert, errichtet, zusammengebaut und installiert werden und so gewartet und betrieben werden, dass die Explosionsgefahr so gering wie möglich gehalten wird und, falls es doch zu einer Explosion kommen sollte, die Gefahr einer Explosionsübertragung innerhalb des Bereichs des betreffenden Arbeitsplatzes oder des Arbeitsmittels kontrolliert oder so gering wie möglich gehalten wird. Bei solchen Arbeitsplätzen sind geeignete Maßnahmen zu treffen, um die Gefährdung der Beschäftigten durch die physikalischen Auswirkungen der Explosion so gering wie möglich zu halten.

3.4 Erforderlichenfalls sind die Beschäftigten vor Erreichen der Explosionsbedingungen optisch und akustisch zu warnen und zurückzuziehen.

3.5 Bei der Bewertung von Zündquellen sind auch gefährliche elektrostatische Entladungen zu beachten und zu vermeiden.

3.6 Explosionsgefährdete Bereiche sind mit Flucht- und Rettungswegen sowie Ausgängen in ausreichender Zahl so auszustatten, dass diese von den Beschäftigten im Gefahrenfall schnell, ungehindert und sicher verlassen und Verunglückte jederzeit gerettet werden können.

3.7 Soweit nach der Gefährdungsbeurteilung erforderlich, sind Fluchtmittel bereitzustellen und zu warten, um zu gewährleisten, dass die Beschäftigten explosionsgefährdete Bereiche bei Gefahr schnell und sicher verlassen können.

3.8 Vor der erstmaligen Nutzung von Arbeitsplätzen in explosionsgefährdeten Bereichen muss die Explosionssicherheit der Arbeitsplätze einschließlich der vorgesehenen Arbeitsmittel und der Arbeitsumgebung sowie der Maßnahmen zum Schutz von Dritten überprüft werden. Sämtliche zur Gewährleistung des Explosionsschutzes erforderlichen Bedingungen sind aufrechtzuerhalten. Diese Überprüfung ist von einer befähigten Person durchzuführen, die über besondere Kenntnisse auf dem Gebiet des Explosionsschutzes verfügt.

3.9 Wenn sich aus der Gefährdungsbeurteilung die Notwendigkeit dazu ergibt,

- und ein Energieausfall zu einer Gefahrenausweitung führen kann, muss es bei Energieausfall möglich sein, die Geräte und Schutzsysteme unabhängig vom übrigen Betriebssystem in einem sicheren Betriebszustand zu halten;

- müssen im Automatikbetrieb laufende Geräte und Schutzsysteme, die vom bestimmungsgemäßen Betrieb abweichen, unter sicheren Bedingungen von Hand abgeschaltet werden können. Derartige Eingriffe dürfen nur von beauftragten Beschäftigten durchgeführt werden;

- müssen gespeicherte Energien beim Betätigen der Notabschalteinrichtungen so schnell und sicher wie möglich abgebaut oder isoliert werden, damit sie ihre gefahrbringende Wirkung verlieren.

Anmerkung: Aufgrund der Komplexität bei der Beurteilung und Einteilung von gefährlichen explosionsfähigen Atmosphären und den erforderlichen Schutzmaßnahmen sowie technischen Prüfungen und Prüffristen und der Anforderungen an die befähigten Personen, ist an dieser Stelle an weiterführende Literatur verwiesen, z.B. „Explosionsschutzdokument – richtig erstellen" (Verlag ecomed-Storck GmbH, Landsberg).

Explosionsschutzdokument gemäß §6 GefStoffV

(Mustervorlage)

Stand: _____

Gefährdungsbereich

Anlage und Ort: Name der zu beurteilenden Anlage und genaue Angabe des Standortes (Arbeitsstelle, Geb., Raum)

Zoneneinteilung

(für den Normalbetrieb)

Brennbare Flüssigkeiten, Gase, Dämpfe, Nebel: 0, 1, 2
Brennbarer Staub: 20, 21, 22

Zone 0: ständig, häufig, langanhaltend
Zone 1: gelegentlich
Zone 2: selten (dann nur kurzzeitig)

ZONE:

Anlagenteil/-bereich: Angabe, welcher Teil/Bereich der Anlage beurteilt wird

Auswirkungsbereich (Ort, Abstand): Angabe des genauen Bereiches/Ortes wo und in welchem Auswirkungsabstand oder -bereich gefährliche (gefahrdrohende) explosionsfähige Atmosphäre auftritt

Kurzbeschreibung für den Ex-Schutz

Verfahrenstechn. Beschreibung: kurze, verständliche Beschreibung der verfahrenstechn. Abläufe zur Darstellung der Arbeitsweise und der Zusammenhänge für den Ex-Schutz

Stoffdaten

Stoffbezeichnung (Handelsname) Temp.-Klasse (T1-T6)	entzündlich	leicht entzündlich	hoch entzündlich	Flammpunkt °C *	Zündtemp. °C	Untere Ex-grenze %	Obere Ex-grenze %	Ex-gruppe	Dampfdruck hPa bei ...°C	Dichteverhältnis zur Luft **	Glimmtemp. °C (Stäube)	Mindestzünd-energie J (Stäube)
1												
2												
3												

*nur bei Flüssigkeiten, **oder leichter, gleich, schwerer als Luft eintragen.

Bemerkung zu: Stoffdaten: die für den Ex-Schutz erforderlichen Stoffdaten sind den **Sicherheitsdatenblättern** unter „**Physikalische und chemische Eigenschaften**" zu entnehmen!

Beurteilung

Ex-Schutzmaßnahmen erforderlich, da eine **gefährliche** explosionsfähige Atmosphäre auftreten kann (**siehe Anlage**).

Kein Ex-Bereich, da eine gefährliche explosionsfähige Atmosphäre **nicht** zu erwarten ist.

Begründung: berücksichtigt **nur den „Normalbetrieb"**, d. h. die Auslegungsparameter für die die zu beurteilende Anlage/Anlageteile oder Geräte konstruktiv und technisch ausgelegt sind. **Dazu gehören auch betriebsbedingt zu erwartende Störungen!**

Explosionsschutzdokument gemäß §6 GefStoffV

Schutzmaßnahmen 1

Stand: _____

Anlage/Ort: _____

Bauliche Ex-Schutzmaßnahmen:

– Blitzableiter: ja, nein
– Be/Entlüftung techn., Luftwechselzahl:
– Be/Entlüftung natürlich über:
– Feuerwiderstandsklassen der Türen/Wände:
– elektrostatische Ableitung über: z.B. Potenzialausgleich, Erdung

– Ex-Schutzbauweise: ja, nein
– Gebäudeplan: siehe Anlage

Vermeidung vorhandener / möglicher Zündquellen:

1. heiße Oberflächen (auch sich übermäßig erwärmende Geräte, Maschinen und Stoffe, z.B. Reaktionskleber)
2. Rauchen, Feuer, offenes Licht
3. mechanisch und elektrisch erzeugte Funken
4. **elektrostatische Entladungen!**

Warn-/Verbotsschilder für den Ex-Bereich:

Vorhanden, deutlich sichtbar, in ausreichender Anzahl:

ja/nein	ja/nein	ja/nein	ja/nein	ja/nein
D-W021	W002	D-P006	D-P003	P013

Schriftliche Arbeits-Auftragserteilung durch:
z.B. Name des (Fachbereichs-) Meisters o.V.i.A.

Arbeitsfreigabe erteilt durch:
z.B. Name des (Fachbereichs-) Meisters o.V.i.A.

Verantwortlicher des Bereiches:
z.B. Name des (Fachbereichs-) Meisters o.V.i.A.

Koordinator bei Tätigkeiten mehrerer Gewerke/Firmen: z.B. Name des (Fachbereichs-) Meisters o.V.i.A.
- notwendige Abstimmungsanweisungen sind schriftlich zu dokumentieren.

Aufsichts-Person(en): z.B. Name eines geeigneten Beauftragten aus der techn. Betriebsgruppe, der durch den zuständigen Fachbereichsmeister bestimmt wird.

Befähigte Person(en) Ex-Schutz: ist namentlich mit Vertretung durch den Arbeitgeber schriftlich unter Beachtung der Anforderungen gemäß TRBS 1203 zu bestellen.

Überprüfung der Wirksamkeit der Zoneneinteilung und der getroffenen Schutzmaßnahmen:
- Überprüfung der Wirksamkeit in regelmäßigen Abständen und nach baulichen, techn. oder betrieblichen Veränderungen.
- Die Überprüfung ist schriftlich zu dokumentieren.

Mitarbeiter-Unterweisungen (mit Teilnehmernachweis):
- Erstunterweisung
- anschließend jährliche Wiederholung
- im Bedarfsfall

Bemerkungen:

133

Explosionsschutzdokument gemäß §6 GefStoffV

Schutzmaßnahmen 2

Stand: _____

Anlage/Ort: _____

Zugelassene Geräte, Werkzeuge, Schutzsysteme (Richtlinie 94/9/EG):

- in Zone 0 oder Zone 20: Geräte der Kategorie 1,
- in Zone 1 oder Zone 21: Geräte der Kategorie 1 oder der Kategorie 2,
- in Zone 2 oder Zone 22: Geräte der Kategorie 1, der Kategorie 2 oder der Kategorie 3.

Warneinrichtungen in Form von:

- Gaswarngeräte
- Temperaturfühler
- Testgeräte für elektrostatische Aufladungen

    vorhanden   nicht erforderlich

Notabschalteinrichtungen an folgenden Geräten / Einrichtungen:

- NOTAUS

    vorhanden   nicht erforderlich

Manuelle Abschaltung laufender Geräte im Automatikbetrieb an folgenden Geräten:

    vorhanden   nicht erforderlich

Notstromversorgung gegen eine Gefahrenausweitung:

    vorhanden   nicht erforderlich

Flucht- und Rettungswege (vorhanden und gekennzeichnet):

ja / nein

Flucht-/Rettungsmittel in Form von:

- Löschgerät
- Löschdecke
- bereitgestelltes Flucht-Kfz.
- bereitgestellte Rettungs-Kfz.(Feuerwehr, Krankenwagen)

vorhanden   nicht erforderlich

Bemerkungen: Beachtung der **aktuellen** Dienst/Arbeits – und Betriebsanweisungen

weitere Anlagen/Verweise: z.B. allgem. Hinweise zum Ex-Schutzdokument, Auszüge von Herstellerunterlagen, Fließschemata, Lagepläne, SichDatBlatt. Es wird empfohlen, ein Inhaltsverzeichnis anzulegen, in dem alle zum Explosionsschutzdokument gehörenden Dokumente und deren Standorte verzeichnet sind. Kerndokumente, wie z.B. den Ex-Zonenplan, die Gefährdungsbeurteilung Explosionsschutz, Prüfnachweise und Organisationsanweisungen, sollten zusammengefasst im Unternehmen vorliegen und jederzeit vorzeigbar sein. Alle anderen Bestandteile müssen zumindest bei Bedarf (z.B. bei Revisionen) verfügbar gemacht werden können. **Elektronische Medien sind zulässig.** Betriebsmittelbezogene Dokumente (z.B. Baumusterprüfbescheinigungen) können auch in den allgemeinen Betriebsunterlagen verbleiben.

- **Prüf-Fristen:** gemäß den geltenden Vorschriften
- **Prüfnachweise:** siehe Anlage
- **zu beachtende Vorschriften:** DGUV Regel 113-001, TRBS 2153, BetrSichV, GefStoffV, ArbSchG, DGUV Information 205-001, Techn. Regeln (TRBS, TRbF), gültige DIN/VDE-Richtlinien, Konformitätsbescheinigungen, Herstellerunterlagen und weitere für die Beurteilung relevante Vorschriften, Gesetze, Normen und Regeln.

Beurteiler: _____   **Arbeitgeber:** _____

2.11 Flucht- und Rettungswege, Notausgänge

2.11.1 Allgemeine Maßnahmen und Vorgaben
(ArbStättV, ASR A1.3, ASR A2.3, ASR A3.4/3)

Der Arbeitgeber hat in seinem Betrieb die Arbeitsstätten so einzurichten und zu betreiben, dass von ihnen keine Gefährdungen für die Sicherheit und die Gesundheit der Beschäftigten ausgehen. Der Arbeitgeber hat Vorkehrungen zu treffen, dass die Beschäftigten sich bei Gefahr unverzüglich in Sicherheit bringen und schnell gerettet werden können. Arbeitsstätten sind aufgrund ihrer Lage, Ausdehnung und Art der Benutzung mit entsprechenden Flucht- und Rettungswegen, Notausgängen einzurichten.

Flucht-/Rettungswege und Notausgänge müssen:

- sich in Anzahl, Anordnung und Abmessung nach der Nutzung, der Einrichtung und den Abmessungen der Arbeitsstätte sowie nach der höchstmöglichen Anzahl der dort anwesenden Personen richten;
- ständig freigehalten werden, damit sie jederzeit benutzt werden können;
- Notausgänge und **Notausstiege**, die von außen verstellt werden können, sind auch von außen zu kennzeichnen und durch weitere Maßnahmen zu sichern. Ein **Notausstieg** ist im Verlauf eines **zweiten Fluchtweges** ein zur Flucht aus einem Raum oder einem Gebäude **geeigneter Ausstieg**;
- auf möglichst kurzem Weg ins Freie oder, falls dies nicht möglich ist, in einen gesicherten Bereich führen;
- in angemessener Form und dauerhaft gekennzeichnet sein. Sie sind mit einer Sicherheitsbeleuchtung auszurüsten, wenn das gefahrlose Verlassen der Arbeitsstätte für die Beschäftigten, insbesondere bei Ausfall der allgemeinen Beleuchtung, nicht gewährleistet ist.

Türen im Verlauf von Fluchtwegen oder Türen von Notausgängen müssen:

- sich von innen ohne besondere Hilfsmittel jederzeit leicht öffnen lassen, solange sich Beschäftigte in der Arbeitsstätte befinden;
- in angemessener Form und dauerhaft gekennzeichnet sein;
- Türen von Notausgängen müssen sich nach außen öffnen lassen. In Notausgängen sind Karussell- und Schiebetüren nicht zulässig.

Beim Einrichten von Flucht-/Rettungswegen und Notausgängen sind die beim Errichten von Rettungswegen zu beachtenden Anforderungen des Bauordnungsrechts der Länder zu berücksichtigen. Darüber hinaus können sich weitergehende Anforderungen an Fluchtwege und Notausgänge ergeben. Dies gilt z.B. für das Erfordernis zur Einrichtung eines zweiten Fluchtweges.

Der Arbeitgeber hat das Einrichten von Flucht- und Rettungswegen, Notausgängen sowie das Erfordernis eines zweiten Fluchtweges über eine Gefährdungsbeurteilung festzulegen.

Dabei ist zu beachten:

- Aufzüge sind als Teil des Fluchtweges unzulässig.
- Fahrsteige, Fahrtreppen, Wendel- und Spindeltreppen sowie Steigleitern und Steigeisengänge sind im Verlauf eines ersten Fluchtweges *nicht* zulässig.
- Im Verlauf eines zweiten Fluchtweges sind sie nur dann zulässig, wenn die Ergebnisse der Gefährdungsbeurteilung deren sichere Benutzung im Gefahrenfall erwarten lassen. Dabei sollten Fahrsteige gegenüber Fahrtreppen, Wendeltreppen gegenüber Spindeltreppen, Spindeltreppen gegenüber Steigleitern und Steigleitern gegenüber Steigeisengängen bevorzugt werden.
- Dachflächen, über die zweite Fluchtwege führen, müssen den bauordnungsrechtlichen Anforderungen an Rettungswege entsprechen (z.B. hinsichtlich Tragfähigkeit, Feuerwiderstandsdauer und Umwehrungen der Fluchtwege im Falle einer bestehenden Absturzgefahr).
- Der erste und der zweite Fluchtweg dürfen innerhalb eines Geschosses über denselben Flur zu Notausgängen führen.
- Treppen im Verlauf von ersten Fluchtwegen *müssen*, Treppen im Verlauf von zweiten Fluchtwegen *sollen* über gerade Läufe verfügen.
- Fluchtwege dürfen keine Ausgleichsstufen enthalten. Geringe Höhenunterschiede sind durch Schrägrampen mit einer maximalen Neigung von 6 % auszugleichen.
- Fluchtwege sind mit einer Sicherheitsbeleuchtung auszurüsten, wenn bei Ausfall der allgemeinen Beleuchtung das gefahrlose Verlassen der Arbeitsstätte nicht gewährleistet ist.
- Führen Fluchtwege durch Schrankenanlagen, z.B. in Kassenzonen oder Vereinzelungsanlagen, müssen sich Sperreinrichtungen schnell und sicher sowie ohne besondere Hilfsmittel mit einem Kraftaufwand von maximal 150 N in Fluchtrichtung öffnen lassen.
- Fluchtwege sind deutlich erkennbar und dauerhaft zu kennzeichnen. Die Kennzeichnung ist im Verlauf des Fluchtweges an gut sichtbaren Stellen und innerhalb der Erkennungsweite anzubringen. Sie muss die Richtung des Fluchtweges anzeigen.
- Manuell betätigte Türen in Notausgängen müssen in Fluchtrichtung aufschlagen.
- Karussell- und Schiebetüren, die ausschließlich manuell betätigt werden, sind in Fluchtwegen unzulässig.
- Türen im Verlauf von Fluchtwegen und Notausstiege müssen sich leicht und ohne besondere Hilfsmittel öffnen lassen, solange Personen im Gefahrenfall auf die Nutzung des entsprechenden Fluchtweges angewiesen sind.
- Verschließbare Türen und Tore im Verlauf von Fluchtwegen müssen jederzeit von innen ohne besondere Hilfsmittel leicht zu öffnen sein.
- Am Ende eines Fluchtweges muss der Bereich im Freien bzw. der gesicherte Bereich so gestaltet und bemessen sein, dass sich kein Rückstau bilden kann und alle über den Fluchtweg flüchtenden Personen ohne Gefahren, wie z.B. durch Verkehrswege oder öffentliche Straßen, aufgenommen werden können.

2.11.2 Abmessungen von Flucht- und Rettungswegen, Notausgängen

Die **Fluchtweglänge** muss möglichst kurz sein und darf

a) für Räume, ausgenommen Räume nach b) bis f) bis zu 35 m

b) für brandgefährdete Räume mit selbsttätigen Feuerlöscheinrichtungen bis zu 35 m

c) für brandgefährdete Räume ohne selbsttätige Feuerlöscheinrichtungen bis zu 25 m

d) für giftstoffgefährdete Räume bis zu 20 m

e) für explosionsgefährdete Räume, ausgenommen Räume nach f) bis zu 20 m

f) für explosivstoffgefährdete Räume bis zu 10 m

betragen.

Die **Mindestbreite der Fluchtwege** bemisst sich nach der Höchstzahl der Personen, die im Bedarfsfall den Fluchtweg benutzen:

Anzahl der Personen (Einzugsgebiet)	Lichte Breite (in m)
bis 5	0,875
bis 20	1,00
bis 200	1,20
bis 300	1,80
bis 400	2,40

Die Mindestbreite des Fluchtweges darf durch Einbauten oder Einrichtungen sowie in Richtung des Fluchtweges zu öffnende Türen nicht eingeengt werden. Eine Einschränkung der Mindestbreite der Flure von maximal 0,15 m an Türen kann vernachlässigt werden. Für Einzugsgebiete bis 5 Personen darf die lichte Breite jedoch an keiner Stelle weniger als 0,80 m betragen.

Die lichte Höhe über Fluchtwegen muss mindestens 2,00 m betragen. Eine Reduzierung der lichten Höhe von maximal 0,05 m an Türen kann vernachlässigt werden.

Bei der Bemessung von Tür-, Flur- und Treppenbreiten sind sämtliche Räume und für die Flucht erforderliche und besonders gekennzeichnete Verkehrswege in Räumen zu berücksichtigen, die in den Fluchtweg münden. Tür-, Flur- und Treppenbreiten sind aufeinander abzustimmen.

2.11.3 Prävention durch optische Sicherheitsleitsysteme

Im Falle eines Brandes breiten sich die Rauchschwaden zunächst schichtförmig im oberen Wand- und Deckenbereich aus. Elektrische Notleuchten und einzelne Fluchtwegschilder sind aber **in der Regel in Tür- oder Sichthöhe montiert.** Bei Rauchentwicklung sind sie aufgrund ihrer Position in kürzester Zeit nicht mehr deutlich zu erkennen und werden unwirksam.

Aus diesem Grund werden langnachleuchtende Sicherheitsleitsysteme gemäß **ASR A3.4/3 bodennah** und mit Richtungsangaben installiert, um auch bei Verrauchung lebensrettende Orientierung zu gewährleisten. **Die Oberkante der Leitmarkierung darf nicht höher als maximal 40 cm über dem Fußboden angebracht werden.**

Der Einsatz von **optischen** Sicherheitsleitsystemen mit einer **beidseitigen Kennzeichnung** der Fluchtwege ist immer dann erforderlich, **wenn** eine Gefährdung durch **Verrauchung** nicht sicher ausgeschlossen werden kann und die **Fluchtwegbreite > 3,60 m** beträgt.

Die **Leitmarkierungen** an der Wand und auf dem Boden sind so zu platzieren, dass sie die **Sicherheitszeichen miteinander verbinden. Die Leitmarkierungen sind durchgehend bis zum nächsten sicheren Bereich anzubringen.**

Leitmarkierungen auf dem Boden werden als durchgehend angesehen, **wenn mindestens drei Markierungen pro Meter** in regelmäßigen Abständen angebracht sind. Die Markierungen müssen **mindestens** einen Durchmesser oder eine Kantenlänge von **5 cm** haben.

2.11.4 Flucht- und Rettungspläne

Gemäß §4 (4) ArbStättV „Besondere Anforderungen an das Betreiben von Arbeitsstätten" hat der Arbeitgeber einen **Flucht- und Rettungsplan** aufzustellen, **wenn** Lage, Ausdehnung und Art der Benutzung der Arbeitsstätte dies **erfordern.**

Diese Erfordernis ist im **Einzelfall** vor Ort festzustellen und hat **keine weitere gesetzliche** Grundlage. Es muss anhand der **Kriterien**

- Lage
- Ausdehnung
- Art der Nutzung der Arbeitsstätte

entschieden werden, ob ein Flucht-und Rettungsplan, für **alle** oder nur **einzelne** Gebäude, aufzustellen ist. Der Plan ist an geeigneten Stellen in der Arbeitsstätte auszulegen oder auszuhängen. **In angemessenen Zeitabständen ist entsprechend dieses Planes zu üben.**

Hinweis: Zur Feststellung der Notwendigkeit und zur konkreten Entscheidungsfindung, Flucht- und Rettungspläne zu erstellen, sollte Folgendes auch berücksichtigt werden:

- Gibt es erhebliche bauliche Unterschiede zu anderen Betriebsgebäuden auf dem Firmengelände?
- Sind die Gebäude aufgrund der Anzahl der Stockwerke oder räumlichen Gestaltung unübersichtlich und verwinkelt?

- Sind Fluchtwege, Notausgänge und „Erste Hilfe"- Einrichtungen vorhanden und gekennzeichnet?
- Sind die Nutzer der Gebäude zum Verhalten im Gefahrfall unterwiesen?
- Ist eine Brandrisikoanalyse durchgeführt worden?
- Sind alle vorbeugenden und abwehrenden Brandschutzmaßnahmen durchgeführt?
- Sind Brandlöschgeräte vorhanden, gekennzeichnet, sichtbar angebracht und jederzeit zugänglich?
- Liegt die gültige Brandschutzordnung zur allgemeinen Einsicht aus?

Flucht- und Rettungswege, Notausgänge
(Gefährdungsbeurteilung)
(Mustervorlage)

Stand: _____

Gebäude, Bereich, Unterkunft: _____

- Beschreibung der örtlichen, betrieblichen Verhältnisse:

- Gebäudestruktur (z.B. ebenerdig, mehrgeschossig, Lage und Größe der Räume):

- Beschreibung der Gefahrenlage:

1. Fluchtweg:

- Fluchtweglänge: _____ m

- Breite der Fluchtwege (m) (Tür-, Flur- und Treppenbreiten):

- Türbreiten (Angabe aller Türen im Fluchtweg):

- Flurbreiten (Angabe aller Flurbreiten im Fluchtweg, auch Angabe von Engstellen):

- Treppenbreiten (Angabe aller Treppenbreiten und Treppenbauart im Fluchtweg, auch Angabe von geraden/ungeraden Läufen):

- Karussell- und Schiebetüren, ausschließlich manuell betätigt, im Fluchtweg:

  ja / nein

- Automatische Türen und Tore im Fluchtweg:

  ja / nein

- Ausgleichsstufen im Fluchtweg vorhanden:

  ja / nein

- Anzahl der Personen die gleichzeitig einen Fluchtweg:
  benutzen müssen: _____

  Anteil von ortsunkundigen Personen: _____

Bemerkungen: _____

Die Einrichtung eines 2. Fluchtweges ist aufgrund der vorliegenden spezifischen Verhältnisse (z.B. Räume > 200m², Geschosse > 1600m², erhöhte Brandgefahr, Personenanzahl, Rechtsvorschrift)

erforderlich / nicht erforderlich.

2. Fluchtweg:

- **Fluchtweglänge:** _____ **m**

- **Breite der Fluchtwege (m)** (Tür-, Flur- und Treppenbreiten)**:**

- **Türbreiten** (Angabe aller Türen im Fluchtweg)**:**

- **Flurbreiten** (Angabe aller Flurbreiten im Fluchtweg, auch Angabe von Engstellen)**:**

- **Treppenbreiten** (Angabe aller Treppenbreiten und Treppenbauart im Fluchtweg, auch Angabe von geraden/ungeraden Läufen)**:**

- **Karussell- und Schiebetüren, ausschließlich manuell betätigt, im Fluchtweg:**

  ja / nein

- **Automatische Türen und Tore im Fluchtweg:**

  ja / nein

- **Ausgleichsstufen im Fluchtweg vorhanden:**

  ja / nein

- **Die Treppenbauart** (z.B. Wendel-, Spindel-, Fahrtreppe, Stufenausführung, Geländer, Treppenradien, Belastbarkeit)**:**

  -
  -
  -

  lässt eine sichere Benutzung im Gefahrenfall:

  erwarten / nicht erwarten

Bemerkungen: _____

Notausgänge, Notausstiege

- **Personenkreis / -anzahl, der auf die Benutzbarkeit der Türen im Verlauf von Fluchtwegen angewiesen ist:**

  _____

- **Ausführung der Notausgänge:** _____
  (z.B. manuell betätigte/automatische Türen und Tore, Karussell- und Schiebetüren)

- **Ausführung der Fluchtwegtüren:** _____
  (z.B. manuell betätigte/automatische Türen und Tore, Karussell- und Schiebetüren)

- **Ausführung der Notausstiege:** _____
  (z.B. manuell betätigte/automatische Türen und Tore, Karussell- und Schiebetüren)

- **Notausgänge, Türen im Verlauf von Fluchtwegen (Fluchtwegtüren) und Notausstiege lassen sich leicht und ohne besondere Hilfsmittel jederzeit von innen öffnen:**

  ja / nein

  Aufgrund der örtlichen und betrieblichen Verhältnisse, der Gefahrenlage, der Anzahl der Personen, die gleichzeitig diese Fluchtwegtüren benutzen, **ist ein zwingender Aufschlag der Türen in Fluchtrichtung:**

  erforderlich / nicht erforderlich.

Kennzeichnung

Kennzeichnung der Fluchtwege, Notausgänge, Notausstiege und Türen im Verlauf von Fluchtwegen entsprechend ASR A 1. 3 „Sicherheits- und Gesundheitsschutzkennzeichnung":

ja / nein

Ergebnis:

- **Für den ermittelten Ist-Zustand sind keine weiteren Maßnahmen erforderlich.**

- **Folgende Maßnahmen sind zur Mängelabstellung durchzuführen:**

Bemerkungen: _____

Datum, Beurteiler: _____

143

2.12 Hautgefährdungen

(GefStoffV, TRGS 401)

Hautgefährdungen (z.b. Verätzungen, Hautreizungen, irritative Kontaktekzeme) bestehen bei mechanischen Einwirkungen (z.b. Späne, raue, scharfe oder spitze Oberflächen), bei Feuchtarbeiten, beim Tragen flüssigkeitsdichter Handschuhe, durch Strahlung (z.b. UV-Strahlung beim Elektroschweißen und durch Sonnenlicht) und bei Tätigkeiten mit hautgefährdenden, hautresorptiven oder hautsensibilisierenden Gefahrstoffen. Der Hautkontakt kann direkt z.b. durch Spritzer, Aerosole, Benetzung der Haut oder über Arbeitsmittel oder indirekt z.b. durch verunreinigte Kleidung oder kontaminierte Oberflächen erfolgen. Hinweise auf hautgefährdende Eigenschaften von Gefahrstoffen finden sich auf den Behältnissen durch abgebildete Gefahrensymbole/ -piktogramme und Angabe von „R/H-Sätzen".

Bei fehlender Kennzeichnung ist nicht automatisch davon auszugehen, dass keine Gefährdung vorliegt. Genauere Angaben zum Gefährdungspotenzial werden dazu im Sicherheitsdatenblatt/Merkblatt des jeweiligen Gefahrstoffes gemacht. Weitere Auskünfte können beim Hersteller/Lieferanten eingeholt werden.

Der Arbeitgeber hat die für die Beurteilung der Gefährdung und die Festlegung der Maßnahmen erforderlichen Informationen über alle Tätigkeiten, Arbeitsverfahren und Arbeitsbedingungen im Hinblick auf den Hautkontakt gegenüber Stoffen, Zubereitungen und Erzeugnissen zu ermitteln.

Dabei sind zu beachten:

- Der Umgang mit hautgefährdenden Stoffen (fest, flüssig, gasförmig).
- Arbeitsbedingungen physikalischer und chemischer Art, die die Hautgefährdungen erhöhen können.
- Tätigkeiten und Arbeitsverfahren, um Art, Ausmaß und Dauer eines möglichen Hautkontakts abschätzen zu können.

Die Rangfolge der Schutzmaßnahmen ist immer zu beachten:

- Substitution (Ersatzstoffprüfung)
- technische (einschließlich geschlossener Systeme) Schutzmaßnahmen
- organisatorische Schutzmaßnahmen
- hygienische Schutzmaßnahmen

Schutzmaßnahmen stehen vor persönlichen Schutzmaßnahmen (PSA).

Hinweis: Zu den persönlichen Schutzmaßnahmen gehören nicht nur z.B. Schutzhandschuhe, sondern auch Hautschutzmittel, die vor, während und nach der Arbeit zu verwenden sind und durch den Arbeitgeber kostenlos bereitgestellt werden. Die zu den Hautgefährdungen geeigneten Hautschutzmittel sind in einem Hautschutzplan an geeigneter Stelle (z.B. am Waschplatz) den Beschäftigten zur Kenntnis und Beachtung zu geben. Hautschutzpläne werden auch durch die Hautschutzmittelhersteller bereitgestellt.

Hautschutzplan
(Mustervorlage)

Berufsgruppe:

Hautschutz	Hautreinigung	Hautpflege
	Produktbezeichnung in die entsprechende Kategorie eintragen	

Anwendung: Um die Haut vor **schädigenden** Arbeitsstoffen zu schützen, müssen **vor jedem Arbeitsbeginn** spezielle Hautschutzprodukte auf die **saubere** Haut aufgetragen werden, damit diese ihre **volle Wirkung** am besten entfalten können.

Dabei ist ein sorgfältiges Einreiben, auch zwischen den Fingern und an den Nägeln, unbedingt notwendig!

Die aufzutragende Menge ist abhängig von der Handgröße und der Rauigkeit der Haut. **Ein Schutzmittelstrang von 1–2 cm ist in der Regel ausreichend!**

2.13 Koordinator beim Einsatz, Arbeiten von Fremdfirmen

(DGUV Vorschrift 1 DGUV Information 211-006, DGUV Regel 113-001, GefStoffV §15(4))

Bei der Auftragsausführung durch Fremdfirmen im Betrieb des Arbeitgebers können sich neue oder veränderte Sicherheitsrisiken ergeben. Vielfach sind diese Sicherheitsrisiken nicht vollständig bekannt. Die Folge kann ein erhöhtes Unfall- und Gesundheitsrisiko sein. Arbeiten Fremdfirmen mit den Beschäftigten des Arbeitgebers zusammen oder z.b. getrennt in benachbarten Arbeitsbereichen, können gegenseitige Gefährdungen nicht ausgeschlossen werden. Sind zudem die Verantwortlichkeiten und Zuständigkeiten beim Einsatz von Fremdfirmenmitarbeitern nicht eindeutig geregelt, kann es zusätzlich zu Sicherheitsdefiziten kommen. Mit dem Ziel, Arbeitsunfälle und arbeitsbedingte Gesundheitsgefahren bei der Auftragserfüllung zu verhindern, müssen zwischen dem beauftragenden Arbeitgeber und der Fremdfirma auch vertragliche Regelungen zum Einhalten und Beachten des Arbeitsschutzes vereinbart werden.

Damit Fremdfirmen entsprechend den Vertragsbedingungen arbeiten, ist es empfehlenswert, dass der Arbeitgeber einen Auftragsverantwortlichen benennt. Der Auftragsverantwortliche nimmt auch Pflichten zur Zusammenarbeit mehrerer Fremdfirmen wahr. Er ist der Ansprechpartner für alle Fremdunternehmer. Der Auftragsverantwortliche kann dabei gleichzeitig als Koordinator eingesetzt werden. Ein Koordinator muss bestimmt werden, wenn Beschäftigte des Arbeitgebers und Fremdfirmenmitarbeiter an einem Arbeitsplatz oder in einem Arbeitsbereich tätig sind und gegenseitige Gefährdungen auftreten können. Der Koordinator muss mit entsprechender Weisungsbefugnis ausgestattet werden. Arbeitgeber und Fremdunternehmer müssen sich bei der Bestimmung eines Koordinators abstimmen. Die Aufgaben, Kompetenzen und Weisungsbefugnisse können im Werkvertrag wie auch im Pflichtenheft des Koordinators schriftlich festgelegt werden.

Bei Tätigkeiten mit besonderen Gefahren (z.B. Höhenarbeiten, Arbeiten, bei denen Dritte gefährdet werden können, Arbeiten bei fließendem Straßenverkehr) hat der Arbeitgeber sicherzustellen, dass durch einen Aufsichtführenden die Durchführung der festgelegten Schutzmaßnahmen kontrolliert und überwacht wird. Arbeitgeber und Fremdunternehmer müssen sich abstimmen, wer den Aufsichtführenden stellt. Kann der Fremdunternehmer nicht alle Führungsaufgaben und Pflichten bei der Auftragserfüllung vor Ort selbst übernehmen, muss er einen Verantwortlichen einsetzen.

Mit der Übertragung müssen auch Entscheidungsvollmachten festgelegt werden. Der deutschsprachige Verantwortliche wird dem Arbeitgeber bekannt gegeben.

Der Koordinator hat im Wesentlichen folgende Aufgaben:

- Aufstellen des Arbeitsablaufplans. Wer darf bzw. muss wo, mit welcher Arbeit, unter welchen Voraussetzungen, innerhalb welcher Zeit arbeiten?
- Festlegung von Gefahrenbereichen.
- Vor Aufnahme der Arbeiten Sicherheitsmaßnahmen abstimmen.
- Betroffene Bereiche informieren.
- Maßnahmen für den Störungsfall festlegen.
- Einhaltung des aufgestellten Arbeitsablaufplans und der Sicherheitsmaßnahmen überprüfen.

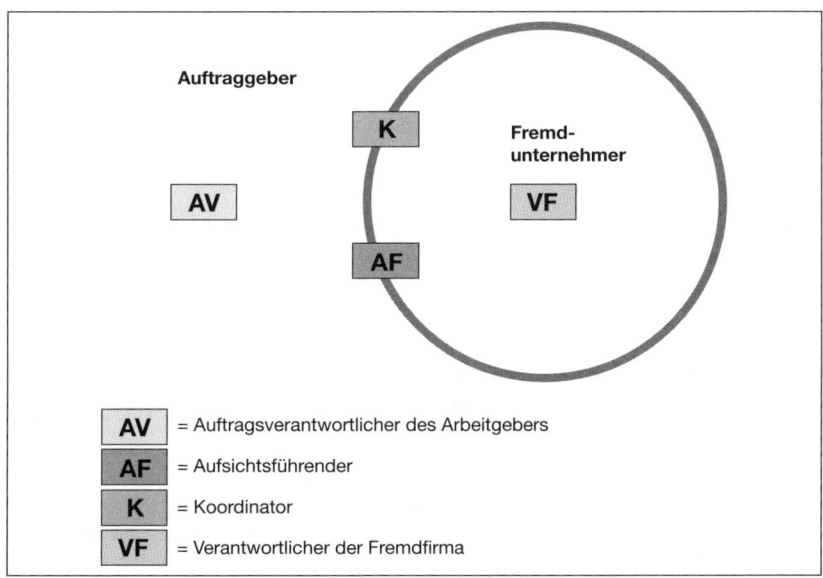

- Evtl. notwendige ergänzende Sicherheitsmaßnahmen festlegen.
- Auftraggeber und Fremdunternehmer über Planänderungen unterrichten.

Der Koordinator muss eingreifen, wenn:

- Sicherheitsbestimmungen offensichtlich missachtet werden,
- die Mitarbeiter unvorhergesehene Situationen, in denen sie selbst oder Dritte gefährdet werden, nicht allein meistern können,
- die Fremdfirma ihrer Aufgabe offensichtlich nicht gewachsen ist. Grundsätzlich hat ein Eingreifen des Koordinators über die Vorgesetzten der betroffenen Mitarbeiter zu erfolgen.

Ausnahme: Bei unmittelbarer Gefährdung von Mitarbeitern oder von Dritten sind die Arbeiten durch den Koordinator unverzüglich direkt zu stoppen. In diesem Fall sind die Vorgesetzten der beteiligten Mitarbeiter umgehend zu informieren.

Weitere gesetzliche Grundlagen:

- **ArbSchG:**
  besonders:
  - §3 Grundpflichten des Arbeitgebers
  - §4 Allgemeine Grundsätze
  - §5 Beurteilung der Arbeitsbedingungen
  - §7 Übertragung von Aufgaben
  - §8 Zusammenarbeit mehrerer Arbeitgeber
  - §9 Besondere Gefahren

- DGUV Vorschrift 1:

  besonders:
  - §2 Grundpflichten des Unternehmers
  - §4 Unterweisung der Versicherten
  - §5 Vergabe von Aufträgen, Abs.3
  - §6 Zusammenarbeit mehrerer Unternehmer
  - §7 Befähigung für Tätigkeiten
  - §8 Gefährliche Arbeiten

2.14 Lärm

2.14.1 Lärmminderungsprogramm

(LärmVibrationsArbSchV §3, §7, MRL Anhang 1 Pkt. 1.5.8, BGI 5053, 675, DGUV Information 209-023)

Bei der Beurteilung der Arbeitsbedingungen nach §5 des Arbeitsschutzgesetzes hat der Arbeitgeber zunächst festzustellen, ob die Beschäftigten Lärm ausgesetzt sind oder ausgesetzt sein könnten. Ist dies der Fall, hat er alle hiervon ausgehenden Gefährdungen für die Gesundheit und Sicherheit der Beschäftigten zu beurteilen. Dazu hat er die auftretenden Expositionen am Arbeitsplatz zu ermitteln und zu bewerten.

Der Arbeitgeber kann sich die notwendigen Informationen beim Hersteller oder Inverkehrbringer von Arbeitsmitteln oder bei anderen ohne weiteres zugänglichen Quellen beschaffen. Lässt sich die Einhaltung der Auslöse- und Expositionsgrenzwerte nicht sicher ermitteln, hat er den Umfang der Exposition durch Messungen festzustellen. Entsprechend dem Ergebnis der Gefährdungsbeurteilung hat der Arbeitgeber Schutzmaßnahmen nach dem Stand der Technik festzulegen.

Bei der Beurteilung der Lärmgefährdungen sind besonders zu beachten:

- Art, Ausmaß und Dauer der Exposition durch Lärm (**Lärmverzeichnis**)
- die **Auslösewerte** (unterer Auslösewert: LEX,8h = 80dB(A) bzw. LpC,peak = 135dB(C); oberer Auslösewert: LEX,8h = 85dB(A) bzw. LpC,peak = 137dB(C)) und die **Expositionswerte**, d.h. dass die oberen Auslösewerte unter der Verwendung geeigneter Schallschutzmittel (Gehörschutz) am Gehör der Beschäftigten nicht überschritten werden
- Wird einer der oberen Auslösewerte überschritten, ist ein Programm mit technischen und organisatorischen Maßnahmen zur Verringerung der Lärmexposition auszuarbeiten und durchzuführen (**Lärmminderungsprogramm**). Technische Maßnahmen haben dabei Vorrang vor organisatorischen Maßnahmen.
- die Verfügbarkeit alternativer Arbeitsmittel und Ausrüstungen, die zu einer geringeren Exposition der Beschäftigten führen (**Substitutionsprüfung**)
- Erkenntnisse aus der arbeitsmedizinischen Vorsorge sowie allgemein zugängliche, veröffentlichte Informationen hierzu
- die zeitliche Ausdehnung der beruflichen Exposition über eine Achtstundenschicht hinaus

- die Verfügbarkeit und Wirksamkeit von Gehörschutzmitteln
- Auswirkungen auf die Gesundheit und Sicherheit von Beschäftigten, die besonders gefährdeten Gruppen angehören
- Herstellerangaben zu Lärmemissionen

Hinweis: Die gesetzlich vorgeschriebenen Auslösewerte beziehen sich auf das Zeitintervall eines Arbeitstages = 8 Stunden. Wird der untere Auslösewert von 80 dB(A) überschritten, hat der Arbeitgeber für seine Beschäftigten Gehörschutzmittel bereitzustellen. Wird der obere Auslösewert von 85 dB(A) überschritten, besteht für die Beschäftigten Tragepflicht. Lärmbereiche sind zu kennzeichnen (siehe ASR A 1.3) und den Beschäftigten ist eine arbeitsmedizinische Vorsorgeuntersuchung anzubieten bzw. zu veranlassen (Pflicht).

Der Arbeitgeber hat, wenn die oberen Auslösewerte für Lärm/Vibrationen überschritten werden, ein Programm mit technischen und organisatorischen Maßnahmen zur Verringerung der Lärm/Vibrationsexposition auszuarbeiten und durchzuführen. Dabei haben technische Maßnahmen Vorrang vor organisatorischen Maßnahmen.

2.14.2 Lärmverzeichnis

Lärmverzeichnis

(Mustervorlage)

Stand: _____

Maschine/Gerät/ Anlage Bereich/Tätigkeit	Lärmpegel (dB(A))	Lärmdauer (Zeit)	Zeit bis Auslösewert A(8) = 80 (dB(A)) A(8) = 85 (dB(A))	
			80 (dB(A))	85 (dB(A))

Hinweis: Zur Bestimmung der Zeiten bis zum Erreichen der gesetzlich vorgeschriebenen Auslösewerte gibt es **spezielle Lärmwertrechner. Alternativ** gibt es **Punktetabellen** (z.B. beim Landesamt für Arbeitsschutz, Potsdam) zur Bestimmung der Tages-Lärmexposition oder auch **Diagramme,** aus denen zum Lärmwert die entsprechenden Zeiten bis zum Erreichen der Auslösewerte abgelesen werden können.

Gefährdungsbeurteilung für Lärmgefährdungen

(Mustervorlage)

Arbeitsplatz/-bereich: _____

Stand: _____

Lärmbelastung (Maschinen, Anlagen)					Getroffene Maßnahmen			
Artikel Hersteller	Typ Modell	Lärm Wert (dB/A) (Punkte)	max. Einwirk-dauer A(8) in Min. bis AW	max. Einwirk-dauer A(8) in Min. bis EW	mittlere (tat-sächliche) Einwirkdauer A(8) in Min.	geeignete Schutzmaß-nahme PSA	Vorsorgeuntersuchung G 20	
							Angebot	Pflicht
gemittelte Gesamt-lärmbelastung*								

*__Achtung!__ Lärmwerte [dB] werden __nicht__ linear, sondern __logarithmisch__ addiert. Zur Bestimmung der gemittelten Gesamtlärmbelastung gibt es __spezielle Lärmwertrechner. Alternativ__ können die Punkte aus der „Punktetabelle zur Bestimmung der Tages-Lärmexposition" addiert werden.

__Datum, Beurteiler:__

__Hinweis: AW__ Auslösewert A(8) < 80 dB/A (__unterschritten, keine__ Maßnahmen erforderlich); __AW < = > EW__ Auslösewert A(8) = 80 dB/A – 85 dB/A (Maßnahmen treffen, __Vorsorgeuntersuchung anbieten); EW__ Expositionsgrenzwert A(8) > 85 dB/A (__überschritten, Vorsorgeuntersuchung Pflicht,__ Einwirkdauer reduzieren, so dass __EW__ < 85 dB/A); __A(8)__ bezogen auf einen 8 Stunden Arbeitstag

2.14.3 Maßnahmen zur Vermeidung und Verringerung der Lärmexposition

Der Arbeitgeber hat die festgelegten Schutzmaßnahmen nach dem Stand der Technik durchzuführen, um die Gefährdung der Beschäftigten auszuschließen oder so weit wie möglich zu verringern.

Dabei ist folgende Rangfolge zu berücksichtigen:

1. Die Lärmemission muss am Entstehungsort verhindert oder so weit wie möglich verringert werden. Technische Maßnahmen haben Vorrang vor organisatorischen Maßnahmen.

2. Die Maßnahmen nach Nummer 1 haben Vorrang vor der Verwendung von Gehörschutz.

Zu den Maßnahmen nach Absatz 1 gehören insbesondere:

3. alternative Arbeitsverfahren, welche die Exposition der Beschäftigten durch Lärm verringern,

4. Auswahl und Einsatz neuer oder bereits vorhandener Arbeitsmittel unter dem vorrangigen Gesichtspunkt der Lärmminderung,

5. die lärmmindernde Gestaltung und Einrichtung der Arbeitsstätten und Arbeitsplätze,

6. technische Maßnahmen zur Luftschallminderung, beispielsweise durch Abschirmungen oder Kapselungen, und zur Körperschallminderung, beispielsweise durch Körperschalldämpfung oder -dämmung oder durch Körperschallisolierung,

7. Wartungsprogramme für Arbeitsmittel, Arbeitsplätze und Anlagen,

8. arbeitsorganisatorische Maßnahmen zur Lärmminderung durch Begrenzung von Dauer und Ausmaß der Exposition und Arbeitszeitpläne mit ausreichenden Zeiten ohne belastende Exposition.

In Ruheräumen ist unter Berücksichtigung ihres Zweckes und ihrer Nutzungsbedingungen die Lärmexposition so weit wie möglich zu verringern. Der Arbeitgeber hat Arbeitsbereiche, in denen einer der oberen Auslösewerte für Lärm (LEX,8h, LpC,peak) erreicht oder überschritten wird, als Lärmbereich zu kennzeichnen und, falls technisch möglich, abzugrenzen. In diesen Bereichen dürfen Beschäftigte nur tätig werden, wenn das Arbeitsverfahren dies erfordert.

Anmerkung: Die mit der Exposition durch **Lärm oder Vibrationen** verbundenen Gefährdungen sind unabhängig voneinander zu beurteilen und in der Gefährdungsbeurteilung zusammenzuführen. Mögliche Wechsel- oder Kombinationswirkungen sind bei der Gefährdungsbeurteilung zu berücksichtigen.

Arbeitsschritte zur Erstellung eines Lärmminderungsprogrammes:

Ermittlung von Lärmbereichen

Ermittlung von Beurteilungspegeln

Vergleich mit Grenzwerten und Festlegung der kennzeichnungspflichtigen Lärmbereiche

Lärmminderungsprogramm

Ermittlung der Lärmschwerpunkte

Ursachenanalyse

Vergleich mit Stand der Lärmminderungstechnik

Auswahl und Beschreibung geeigneter Lärmminderungsmaßnahmen

Lärmminderungsprognose

Erstellung des Lärmminderungsprogrammes mit Prioritätenliste und Zeitplan

Lärmminderungsprogramm
(Mustervorlage)

Stand: _____

Arbeitsbereich (Geb., Raum, Halle): _____

Lärmbereich			Lärmminderungsmaßnahmen		
Arbeitsplatz Maschine/Anlage	gemessener Lärmpegel (dB(A))	Hauptlärmquelle	Lärmursachen	getroffene Maßnahmen	erreichter Lärmpegel (dB(A))

Datum, Beurteiler: _____

Durchführungsbestimmung der Lärmminderungsmaßnahmen

- Erfassen der Lärmquellen

- Lärmursachen ermitteln

- Maßnahmenplan festlegen:

1. **Technische Maßnahmen:**
   - Auswahl/Beschaffung lärmarmer Arbeitsmittel
   - Geräuschärmere Arbeitsverfahren anwenden
   - Schallabstrahlung vermindern (z.b. Kapselung, Bauteildämmung)
   - Schallübertragung reduzieren (z.b. Lärmdämmung in Wänden/Decken)
   - Regelmäßige Wartung der Maschinen

2. **Organisatorische Maßnahmen**
   - Kennzeichnung der Lärmbereiche
   - Lärmintensive Arbeiten räumlich und zeitlich trennen
   - Lärmpausen festlegen

3. **Persönliche Schutzmaßnahmen**
   - Unterweisung der Beschäftigten
   - Geeigneten Gehörschutz bereitstellen
   - Arbeitsmedizinische Vorsorge anbieten/veranlassen

Erfolgskontrolle und Überprüfung:
- Sind alle Lärmgefahren ermittelt und richtig bewertet worden?
- Werden Zugangsbeschränkungen zu Lärmbereichen eingehalten?
- Wird der vorgeschriebene Gehörschutz getragen?

2.15 Lasthandhabung (manuelles Heben und Tragen, Ziehen und Schieben)

(LasthandhabV, DGUV Informationen 208-006, 208-033)

Das manuelle Heben und Tragen oder Ziehen und Schieben von Lasten, führt aufgrund ihrer Gewichte, der Form, ihrer Abmessungen oder durch ungünstige ergonomische Ausführungsbedingungen zu Gefährdungen des Muskel-/Skelettsystems (Knie, Hüftgelenke, Hand-Arm-Schulter-Bereich und besonders der Lendenwirbelsäule).

Der Arbeitgeber hat geeignete organisatorische Maßnahmen zu treffen oder geeignete Arbeitsmittel, insbesondere mechanische Ausrüstungen, einzusetzen, um die Gefährdungen des Muskel-/Skelettsystems durch die manuellen Handhabungen von Lasten so gering wie möglich zu halten. Dabei hat der Arbeitgeber auch die körperliche Eignung der Beschäftigten zur Ausführung der Aufgaben zu berücksichtigen.

Untersuchungen haben ergeben, dass eine Belastung des menschlichen Körpers mit Gewichten von 6 kg – 10 kg ergonomisch zweckmäßig ist. Größere Gewichte bedeuten zusätzliche Beanspruchungen durch die Last und damit Auftreten von Ermüdungserscheinungen. Auch bei kleineren Gewichten tritt eine Ermüdung des Körpers ein, jedoch vornehmlich durch die körperliche Bewegung, d.h. der häufige Transport einer kleinen Last kann ebenso ermüdend wirken wie der einmalige Transport einer großen Last.

Einer Ermüdung kann vorgebeugt werden durch:

- Erholungspausen,
- Verringerung des Bewegungsrhythmus, d.h. der Anzahl der bewegten Lasten je Zeiteinheit,
- Verringerung gleichartiger aufeinander folgender Transportvorgänge, z.B. durch Einrichtung von Wechselarbeitsplätzen.
- Außerdem sollte der Körper möglichst gleichmäßig belastet sein. Beim gemeinsamen Transport durch mehrere Personen gilt zusätzlich:
- Bewegungen gleichzeitig ausführen (Anheben, Gleichschritt, Absetzen),
- Personen gleichmäßig belasten,
- lange Lasten auf gleicher Schulter tragen,
- Last mindestens mit einer Hand festhalten,
- Kommandos und Anweisungen nur von einer Person erteilen lassen. Bei der Ermittlung der Gefährdungen sind zu berücksichtigen:

Im Hinblick auf die zu handhabende Last

- ihr Gewicht, ihre Form und Größe,
- die Lage der Zugriffsstellen,
- die Schwerpunktlage,
- die Möglichkeit einer unvorhergesehenen Bewegung.

Im Hinblick auf die von den Beschäftigten zu erfüllende Arbeitsaufgabe

- die erforderliche Körperhaltung oder Körperbewegung, insbesondere Drehbewegung,
- die Entfernung der Last vom Körper,
- die durch das Heben, Senken oder Tragen der Last zu überbrückende Entfernung,
- das Ausmaß, die Häufigkeit und die Dauer des erforderlichen Kraftaufwandes,
- die erforderliche persönliche Schutzausrüstung,
- das Arbeitstempo infolge eines nicht durch die Beschäftigten zu ändernden Arbeitsablaufs,
- die zur Verfügung stehende Erholungs- oder Ruhezeit.

Im Hinblick auf die Beschaffenheit des Arbeitsplatzes und der Arbeitsumgebung

- der in vertikaler Richtung zur Verfügung stehende Platz und Raum,
- der Höhenunterschied über verschiedene Ebenen,

- die Temperatur, Luftfeuchtigkeit und Luftgeschwindigkeit,
- die Beleuchtung,
- die Ebenheit, Rutschfestigkeit oder Stabilität der Standfläche und
- die Bekleidung, insbesondere das Schuhwerk.

Beim Ziehen und Schieben wird das gesamte Muskel-Skelett-System, besonders der Hand-Arm-Schulterbereich, belastet. Abhängig vom Kraftaufwand (z.b. kurzzeitig hoch oder auch länger anhaltend gering) und der Körperhaltung (z.b. gebückt, gebeugt, Oberkörper verdreht) wird auch die Lendenwirbelsäule, die Gelenke, die Hüfte und die Knie stärker belastet.

Besonders kritisch ist ein ruckartiges Ziehen und Schieben zu bewerten. Hierbei bestehen akute Verletzungsgefährdungen des Muskel-/Skelettsystems durch den kurzzeitigen hohen Kraftaufwand bzw. durch die schlagartige Kraftentlastung im Ziehen-/Schiebenprozess, z.b. durch zu geringe Körperkräfte und/oder die Untergrundbeschaffenheit (Reibung). Um die körperlichen Belastungen vertretbar zu minimieren, sind bei der Beurteilung der Gefährdungen u.a. folgende Parameter zu berücksichtigen:

- **Technische Hilfsmittel**
- Handbetriebene Flurförderzeuge (z.B. Hand-/Hubwagen, Roller, Karren)
- Hebezeuge (z.B. Krane, Manipulatoren)
- Rollenbahnen
- Kugelrolltische
- Fahrbare Regale und/oder Schränke
- **Ausführungszeit**
- **Ausführungsbedingungen** (Untergrundbeschaffenheit)
- **Positioniergenauigkeit**
- **Körperhaltung**

Beispiele für Ziehen und Schieben von Lasten

Beispiel **für richtiges Heben von Lasten**

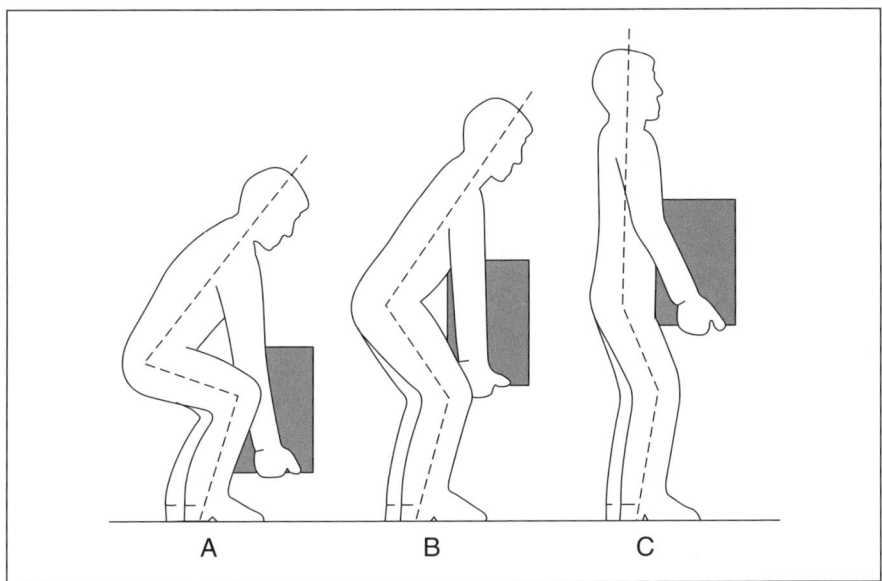

2.16 Persönliche Schutzausrüstung (PSA)

(ArbSchG, GefStoffV, PSA-BV, DGUV Vorschrift 1)

Nach den allgemeinen Grundsätzen hat der Arbeitgeber u. a. die Arbeit so zu gestalten, dass eine Gefährdung für Leben und Gesundheit möglichst vermieden und die verbleibende Gefährdung möglichst gering gehalten wird. Gefahren sind an ihrer Quelle zu bekämpfen. Lässt sich eine Gefährdung nicht beseitigen, hat der Arbeitgeber diese durch Maßnahmen in der nachstehenden Rangordnung auf ein Mindestmaß zu verringern:

1. Technisch: Gestaltung geeigneter Verfahren und technischer Steuerungseinrichtungen sowie Verwendung geeigneter Arbeitsmittel und Materialien nach dem Stand der Technik.

2. Organisatorisch: Durchführung kollektiver Schutzmaßnahmen an der Gefahrenquelle, wie zum Beispiel angemessene Be- und Entlüftung und geeignete organisatorische Maßnahmen (z.B. Einsatzdauer, Mengenbegrenzung, Pausen).

3. Individuell: Sofern eine Gefährdung nicht durch Maßnahmen nach Nummer 1 und 2 verhütet werden kann, ist eine Durchführung von individuellen Schutzmaßnahmen, die auch die Anwendung persönlicher Schutzausrüstung umfassen, zu treffen.

Eignungskriterien sind neben der Abhängigkeit von der Arbeitsaufgabe auch ergonomische Aspekte wie z.B. Passform und Gewicht, Handhabbarkeit, Einstellbarkeit, Tragekomfort. Die Akzeptanz von PSA durch die Beschäftigten ist ein wichtiger Aspekt für die Tragebereitschaft.

157

Bereitstellung von persönlicher Schutzausrüstung (PSA)

(Mustervorlage)

Stand: _____

Tätitgkeitsbereich (Arbeitsstelle/-Platz): _____

Tätigkeitsbeschreibung (Expositionsbedingungen)	Arbeitsstoffe* (Handelsname, Aggregatzustand)	Gefährdungsrisiko* (Gefährdungsmerkmale z.B. mechanische, elektrische, akustische, biologische, chemische, physikalische)	PSA (Handelsname, Typ, Schutzklasse/-kategorie, Norm)

* **Infos:** siehe z.B. auch SichDatBl , GefStoffVerz , Lärm-/VibrationsVerz , Herstellerangaben

Datum, Beurteiler: _____

Anmerkung: Durch den Beurteiler wurden **alle** technischen und organisatorischen Maßnahmen, **einschließlich** einer **Ersatzstoffprüfung** für die verwendeten Arbeitsstoffe, zur Gefährdungsminimierung berücksichtigt und durchgeführt. **Diese Überprüfung** ist durch den Beurteiler einmal jährlich oder bei Bedarf durchzuführen und zu dokumentieren.

> Der Arbeitgeber darf das Tragen von belastender persönlicher Schutzausrüstung nicht als ständige Maßnahme zulassen und dadurch technische oder organisatorische Schutzmaßnahmen nicht ersetzen.

Der Arbeitgeber stellt sicher, dass

1. die Schutzausrüstungen an einem dafür vorgesehenen Ort sachgerecht aufbewahrt werden;
2. die Schutzausrüstungen vor Gebrauch geprüft und nach Gebrauch gereinigt werden;
3. schadhafte Ausrüstungen vor erneutem Gebrauch ausgebessert oder ausgetauscht werden.

Anmerkung: Der Arbeitgeber ist verpflichtet, getrennte Aufbewahrungsmöglichkeiten für die Arbeits- oder Schutzkleidung einerseits und die Straßenkleidung andererseits zur Verfügung zu stellen, sofern bei Tätigkeiten eine Gefährdung der Beschäftigten durch eine Verunreinigung der Arbeitskleidung zu erwarten ist.

2.17 Psychische Belastungen am Arbeitsplatz

(ArbSchG §2 – 5, BetrSichV, ArbstättV, MRL Anhang 1 Pkt. 1.1. 6)

Die Gesundheit definiert sich als ein Zustand des vollkommenen körperlichen, sozialen und geistigen Wohlbefindens.

Aus diesem Verständnis der Gesundheit bauen die Durchführungen von Maßnahmen zur Verbesserung der Sicherheit und der Gesundheit der Beschäftigten bei der Arbeit auf. Nach dem ArbSchG sind Maßnahmen zur Verhütung von Unfällen bei der Arbeit und arbeitsbedingten Gesundheitsgefahren einschließlich Maßnahmen der menschengerechten Gestaltung der Arbeit zu treffen. Das Ziel der menschengerechten Gestaltung der Arbeit bezieht die psychischen Belastungen in der Gesamtbetrachtung der Arbeitsbedingungen mit ein.

Somit ist **allen** getroffenen **Maßnahmen** eine Berücksichtigung der psychischen Belastungssituationen **latent**. Der Arbeitgeber hat somit auch eine **Fürsorgeverpflichtung** hinsichtlich der psychischen Belastungen am Arbeitsplatz wahrzunehmen. Er hat u.a. das Persönlichkeitsrecht, die Gesundheit und die Ehre seiner Beschäftigten zu schützen.

Der Arbeitgeber wird nicht nur für eigenes Fehlverhalten haftbar gemacht, sondern auch für erkanntes Fehlverhalten von Vorgesetzten und Kollegen.

Hinweis: Der Arbeitgeber hat bei den Maßnahmen u.a. den Stand der Technik, der Arbeitsmedizin und der Hygiene **sowie sonstige gesicherte arbeitswissenschaftliche Erkenntnisse** zu berücksichtigen.

Beispiele:

- Nach MRL sind z. B. bei der Handhabung von Maschinen, bei deren vorschriftsgemäßer Verwendung, *psychische Fehlbeanspruchungen* durch das Bedienpersonal, unter Berücksichtigung der ergonometrischen Prinzipien, auf ein Mindestmaß zu reduzieren.

- Nach BildscharbV hat der Arbeitgeber neben einer möglichen Gefährdung des Sehvermögens sowie körperlicher Probleme auch *psychische Belastungen* am Bildschirmarbeitsplatz zu ermitteln und zu beurteilen.

Psychische Belastungen der Beschäftigten am Arbeitsplatz mindern in jedem Betrieb u.a. die Produktivität und das Ansehen des Betriebes. Es entstehen für den Arbeitgeber erhebliche Zusatzkosten z.b. durch mehr Fehltage von Beschäftigten, Fluktuation von Mitarbeitern, Terminengpässe oder Produktionsausfall. Daher sollte es für jeden Arbeitgeber das Ziel sein, psychische Belastungen am Arbeitsplatz so früh wie möglich zu erkennen und rechtzeitig geeignete Maßnahmen zu ergreifen, um eine Eskalation unbedingt zu vermeiden. Nur in einem „psychisch" gesunden Betrieb wird motiviert, effektiv, leistungsbereit und belastbar gearbeitet.

Aufgrund der Schwierigkeit und Komplexität, psychische Belastungen am Arbeitsplatz richtig zu erkennen, zu beurteilen und die erforderlichen Maßnahmen zu treffen, wird an dieser Stelle nur eine Orientierungshilfe vorgestellt, um für die Thematik mit ihren weitreichenden Folgen für jeden Betrieb zu sensibilisieren. Weitere Hilfestellungen werden u.a. von den Betriebsräten, Betriebsärzten, den Krankenkassen und den Berufsgenossenschaften angeboten.

Bei der Ermittlung von psychischen Belastungen und den zu treffenden erforderlichen Maßnahmen kann sich an folgenden Punkten orientiert werden:

- Psychische Erkrankung
- Gesundheit durch Arbeit erhalten
- Äußere Einflüsse psychischer Belastungen
- Anforderungen an die Arbeitsaufgabe
- Beanspruchungsmerkmale durch psychische Überbelastung
- Belastungsfaktoren als Auslöser
- Vom Konflikt zum Mobbing
- Faktoren psychischer Überbeanspruchung
- Erkennen einer psychischen Erkrankung im Arbeitsumfeld
- Erscheinungsbilder psychischer Überbeanspruchung
- Vorgehensweise Erkennen und Handeln
- Methoden der psychologischen Datengewinnung
- H-I-L-F-E Konzept

2.17.1 Psychische Erkrankung

Die Häufigkeit psychischer Erkrankungen und damit auch deren Auswirkungen im Arbeitsumfeld der Betroffenen nehmen seit Jahren kontinuierlich zu. Es ist davon auszugehen, dass es in nahezu jedem Betrieb psychisch kranke Mitarbeiter gibt und dass kaum jemand davon „verschont bleibt", mit diesem Thema in Berührung zu kommen oder sogar selbst einmal zu erkranken. Aufgrund dieses Sachverhaltes ist es erstaunlich, dass der Kenntnisstand über psychische Erkrankungen außerordentlich gering ist und Fehlinformationen sehr verbreitet sind. Psychische Erkrankungen sind oft auch ein „Tabu"-Thema, was dazu führt, dass Betroffene viel Kraft vergeuden, um ihre Erkrankung geheim zu halten, und das Umfeld wegsieht, wenn es dennoch zu Auffälligkeiten und Störungen betrieblicher Abläufe kommt. Vom Beginn einer psychischen Erkrankung bis zur ersten Behandlung vergehen ca. sieben Jahre!

Psychische Erkrankungen betreffen jeden vierten Bürger in der EU-Bevölkerung. Man rechnet damit, dass bis zum Jahr 2020 psychische Störungen in den Industriestaaten die zweithäufigste Ursache von Erkrankungen sein werden. Es besteht eine enge Wechselwirkung zwischen psychischen und körperlichen Erkrankungen.

2.17.2 Gesundheit durch Arbeit erhalten

Dies gelingt durch eine:

- Verbesserung der Arbeitsorganisation und der Arbeitsbedingungen,
- Förderung einer aktiven Mitarbeiterbeteiligung,
- Stärkung persönlicher Kompetenzen.

Ziel:

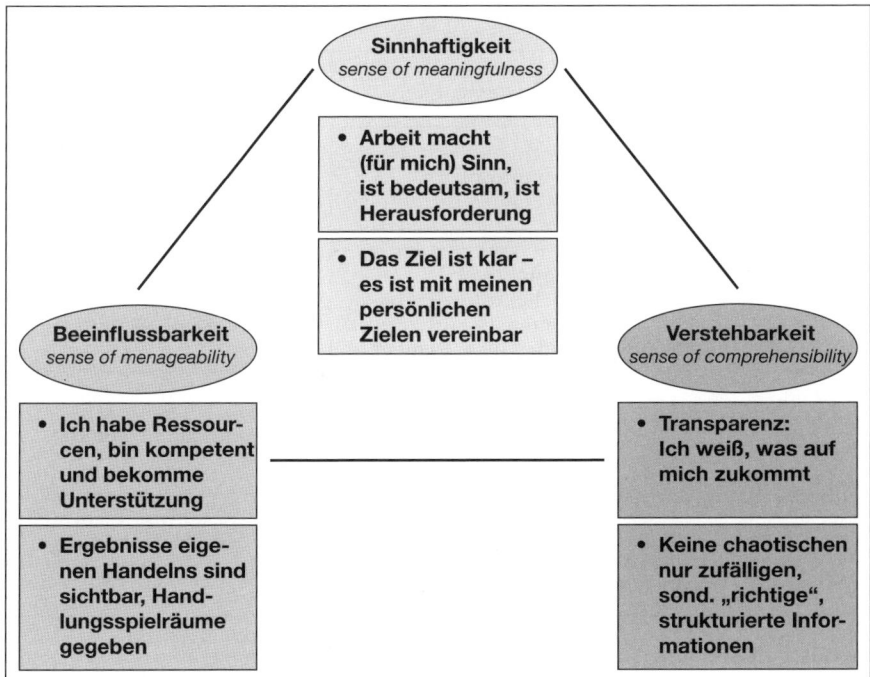

2.17.3 Äußere Einflüsse psychischer Belastungen

Begriffsbestimmung: Psychische Belastung ist die Gesamtheit aller erfassbaren Einflüsse, die von außen auf den Menschen zukommen und psychisch auf ihn einwirken. (Definition nach DIN EN ISO 10075-1 [1a])

äußere Einflüsse:

- Arbeitsaufgabe: z.b. Verantwortung, schwierige Aufgaben, Monotonie
- Arbeitsmittel: alle techn. Komponenten am Arbeitsplatz, Mensch-Maschine-Schnittstelle, z.b. Geräte, Maschinen, Steuerstände, PC
- Arbeitsumgebung: Beleuchtung, Lärm, Klima, Schadstoffe
- Arbeitsorganisation: Arbeitsablauf, Regelung der Arbeitszeit, Reihenfolge der Tätigkeiten
- Arbeitsplatz: die unmittelbare Arbeitsumgebung des Einzelnen, z.b. Tisch und Stuhl, Zwangshaltungen, Sichtverhältnisse

Anforderungen an die Arbeitsaufgabe

Bei den Anforderungen an die Arbeitsaufgabe ist auf ein ausgewogenes Gleichgewicht zwischen Unter- und Überforderung der Beschäftigten zu achten.

Einfluss	Beispiele	Hinweis auf Beanspruchung
Unterforderung	quantitativ: – wenig zu tun	Monotonie
	qualitativ: – zu einfache Anforderungen – Fähigkeiten, Qualifikationen werden nicht genutzt	Monotonie psychische Sättigung
Überforderung	quantitativ: – große Arbeitsmenge – Zeitdruck	psychische Ermüdung
	qualitativ: – unklare Aufgaben – zu komplizierte Aufgaben	psychische Ermüdung psychische Sättigung

Psychische Ermüdung: ist eine vorübergehende Beeinträchtigung der psychischen und körperlichen Funktionstüchtigkeit, die von Intensität, Dauer und Verlauf der vorangegangenen psychischen Belastung abhängt. Erholung von psychischer Ermüdung kann besser durch eine zeitliche Unterbrechung der Tätigkeit statt durch deren Änderung erzielt werden. (DIN EN ISO 10075 – 1)

Psychische Sättigung: ist ein Zustand der nervös-unruhevollen, stark affektbetonten Ablehnung einer sich wiederholenden Tätigkeit oder Situation, bei der das Erleben des „Auf-der-Stelle-Tretens" oder des „Nicht-weiter-Kommens" besteht. (DIN EN ISO 10075 – 1)

2.17.4 Belastungsfaktoren als Auslöser psychischer Überbeanspruchung

Stress: ist die körperliche, emotionale Reaktion auf schädliche oder ungünstige Aspekte der Arbeit, z.b. das Arbeitsumfeld (Lärm, Beleuchtung, Witterung, Maschineneinsatz, Mitarbeiter) oder die Arbeitsorganisation (Monotonie, Zeitdruck, Informationsfluss, Teamarbeit). Stress entsteht häufig durch Mehrfachbelastung und das Gefühl, die Situation nicht mehr bewältigen zu können.

Burn-out-Syndrom: ist ein seelischer Erschöpfungszustand (Ausgebranntsein), der bis zur völligen Kraftlosigkeit führen kann. Davon betroffen sind besonders die Menschen, die sich über alle Maßen für ihre Arbeit einsetzen.

Mobbing: ist ein seelischer Angriff auf einen Mitarbeiter durch Kollegen oder Vorgesetzte über einen längeren Zeitraum. Der Betroffene sieht keine Möglichkeit, sich gegen die Diskriminierung oder den Ausschluss aus der beruflichen Gemeinschaft zu wehren.

Straining: ist das subtile Mobbing. Straining ist weiter verbreitet als Mobbing. Ziel ist das Entfernen einer Person aus der Firma. Die Zielperson wird degradiert, isoliert, übergangen, wie Luft behandelt. Die Personalleitung ist dabei häufig aktiv involviert. Durch die permanente Stress-Situation, der die Betroffenen ausgesetzt sind, und die Subtilität des Angriffs sind die gesundheitlichen Schäden, die die Straining-Opfer davontragen häufig sogar noch größer als bei Mobbing-Opfern. Chronische Erkrankungen sind nicht selten die Folge.

2.17.5 Vom Konflikt zum Mobbing

Konflikte im zwischenmenschlichen Bereich werden schlecht oder gar nicht ausgetragen. Der Mobbingfall eskaliert. Daraus folgen psychosomatische und psychische Beschwerden, Fehlzeiten durch Krankheit, Ausgrenzung des Mobbingopfers aus dem Arbeitsleben, soziale Isolation, chronische Krankheiten bis hin zu Frühverrentung, psychiatrische Behandlung, Selbstmord.

Mobbinghandlungen erkennen:

Angriffe auf die Person und ihr soziales Ansehen
Gerüchte verbreiten
vor anderen demütigen oder lächerlich machen
Schwächen ausnutzen/bloßstellen
sexuelle Andeutungen/Annäherungen
Kritik am Privatleben

Angriffe auf die sozialen Beziehungen und die Kommunikation
Kontakt verweigern
von Gesprächen ausschließen

ständig unterbrechen
laut anschreien
unvollständig einweisen
abwertende Gestik/Mimik

Angriffe auf die Qualität der Arbeit
Leistungen unterbewerten
Zuständigkeiten entziehen
Informationen vorenthalten
sinnlose/kränkende Aufgaben zuteilen

Angriffe auf die Gesundheit
zu gesundheitsschädlicher Arbeit zwingen
Androhung körperlicher Gewalt
absichtlich Stress herbeiführen
direkte Gewalt/Handgreiflichkeiten

Bedingungen im Unternehmen, die Mobbing begünstigen können:

- wenig transparente Betriebsabläufe
- stark hierarchische Organisationsstrukturen, viele Mängel im internen Informationssystem
- Defizite im Führungsverhalten
- unzureichende Abgrenzung von Kompetenz- und Aufgabenbereichen
- Mängel in der Personalpolitik
- unzureichende Streit- und Konfliktkultur
- Reorganisationsmaßnahmen und großer Konkurrenz- und Leistungsdruck

Jeder kann betroffen sein!

Persönliche Motive des Mobbers: Antipathie, Neid, Eifersucht

- Angst um den Arbeitsplatz/Verlust der Position
- Frustableitung oder Rache
- „Bestrafung" des Mobbingopfers wegen abweichenden Verhaltens (fremde Kultur, Arbeitsstil etc.)

2.17.6 Faktoren psychischer Überbeanspruchung

Mögliche belastende Faktoren:

- In Zeiten wirtschaftlicher Unsicherheit stellt ein möglicher Verlust des Arbeitsplatzes eine permanente existentielle Bedrohung dar und ist mit einer extrem hohen psychischen Belastung verbunden.
- Mangelnde bzw. unklare Kommunikation und schlechtes Betriebsklima sind ebenfalls Faktoren, die am Arbeitsplatz zu einer Gefährdung der seelischen Gesundheit führen können.

- Soziale Isolation und Mobbing hängen eng mit dem Betriebsklima zusammen und die Ausgrenzung aus sozialen Prozessen hat häufig Auswirkungen auf die psychische und auf die physische Gesundheit der Betroffenen.

- Auch Zeit- und Termindruck können für manche Menschen eine hohe Belastung darstellen; hier sind allerdings die individuellen Unterschiede und die Dauer der Belastung zu beachten.

- Hohe Flexibilität bezüglich der Arbeitsinhalte wie auch der Arbeitszeiten können als psychisch sehr belastend empfunden werden.

- Nachtarbeit oder Schichtarbeit sind zunächst körperlich sehr anstrengend und wirken dadurch auch auf die psychische Konstitution.

- Störungen der Pausen und Lärmbelastung über längere Zeit sind nicht nur physisch, sondern vor allem auch seelisch belastend.

- Monotonie der Arbeitsabläufe führt zu einer schnelleren körperlichen und geistigen Erschöpfung.

2.17.7 Erkennen einer psychischen Erkrankung im Arbeitsumfeld

Um beurteilen zu können, ob einzelne Verhaltensweisen nicht Ausdruck eines individuellen Charakters sind, ist es wichtig, die Persönlichkeit des Menschen im Gesamtkontext und über einen längeren Zeitraum zu sehen. Kennt jemand einen Menschen nur kurz, kann er nicht beurteilen, welche Eigenarten zur Persönlichkeit gehören oder was Ausdruck einer wesensmäßigen Veränderung ist. Erst fortgesetzte, über Wochen sich hinziehende Änderungen in der Persönlichkeit, zusammen mit vielen anderen Leistungs-, Wesens-, und Verhaltensänderungen sollten an den Beginn einer psychischen Beeinträchtigung denken lassen.

Weitere Erkennungsmerkmale:

- **Leistungseinbußen,** z.b. verringertes Arbeitsvolumen, Nachlassen der Konzentration und Merkfähigkeit.

- **Veränderungen im Sozialverhalten,** z.B. gereiztes und ungeduldiges Verhalten, Rückzug aus dem sozialen Umfeld, Probleme bei der Konfliktbewältigung.

- **Herabsetzung der Kritikfähigkeit.** Kritik an der Arbeitsleistung oder des Verhaltens wird als persönliche Abwertung oder Angriff gewertet.

- **eingeschränktes Selbstvertrauen** bis zum völligen Verlust der Selbstachtung (Vermeidung von Anforderungen und Belastungen).

2.17.8 Erscheinungsbilder psychischer Überbeanspruchung

Depressionen: sind Störungen von Gefühl und Stimmung, die sich auf die Gesamtpersönlichkeit eines Menschen auswirken und häufig mit Angstzuständen auftreten. Eine Depression tritt selten plötzlich auf, sondern fast immer schleichend. Symptome von Depressionen sind z.B. Schlafstörungen, Appetitlosigkeit, rasche Erschöpfung und Kraftlosigkeit, Trübsinn und Interesselosigkeit.

Bipolare Störungen: haben das Erscheinungsbild der Depression mit kurz anhaltenden euphorischen Phasen voller Tatendrang, (Betroffene arbeiten exzessiv, zeigen hektische Aktivitäten, schlafen wenig) oder zeigen sich in einer ständigen Unausgeglichenheit der Stimmungslage (plötzliche Gereiztheit, aggressive Stimmungslage).

Angststörungen: sind heftige Angstreaktionen, denen keine entsprechenden Gefahren oder realen Bedrohungen zugrunde liegen. In der Regel dauert es mehere Jahre, Angststörungen sicher festzustellen. Anhaltspunkt für eine krankhafte Störung kann sein, wenn Angstgefühle oft und zu stark auftreten. Die „Angst vor der Angst" ist stark ausgeprägt. Symptome von Angststörungen sind z.b. Schlafstörungen, Herzrasen, Zittern, Erröten, Verlassen des sozialen Umfeldes.

Sick-Building-Syndrom: bezeichnet Störungen der Befindlichkeit, der Leistungsfähigkeit und des Gesundheitszustandes (z.b. Augen-, Nasensymtome, Hautbeschwerden, Kopfschmerzen, Konzentrationsstörungen).

Vom Sick-Building-Syndrom spricht man, wenn in einem Gebäude mindestens 20% der Beschäftigten Symptome ausbilden und diese beim Verlassen des Gebäudes verschwinden oder sich mindern. Gleichzeitig sind in Messungen keine deutlichen Expositionen gegenüber einzelnen Stoffen oder Faktoren nachweisbar.

Suchterkrankungen: infolge einer psychischen Überbeanspruchung als Flucht in eine „heile" Welt, in Alkoholsucht, Drogensucht, Spielsucht (Computerspiele).

• Jeder Mensch kann psychisch krank werden, genauso wie körperlich erkranken.

• Es gibt keine eindeutigen Ursachen für psychische Erkrankungen, sondern es wirken verschiedene Faktoren zusammen.

• Die Zahl der seelischen Erkrankungen steigt dramatisch an (jeder 4. Arbeitnehmer hatte schon eine depressive Störung) Man rechnet damit, dass bis zum Jahr 2020 Depressionen in den Industriestaaten die zweithäufigste Ursache von Erkrankungen sein werden.

• Psychische Erkrankungen sind behandelbar. Je früher, desto erfolgreicher.

• Entgegen vielen Vorurteilen sind seelisch Erkrankte nicht geistig behindert, sondern normal intelligent.

Erscheinungsbilder psychosomaler Überbeanspruchung:

• Herz-Kreislauf-Erkrankungen (z.B. Bluthochdruck, Herzinfakt)

• Verdauungssystem (z.B. Durchfall, Magenbeschwerden, Magen-Darmgeschwüre)

• Immunsystem (z.B. Erkältungen, Heuschnupfen, Asthma)

• Muskel- und Skeletterkrankungen (z.B. durch psychische Anspannung, Verspannungen/Schmerzen in Schulter, Nacken, Rücken)

2.17.9 Vorgehensweise Erkennen und Handeln bei psychischen Überbelastungen

• **Ermitteln:** Analyse der Arbeitsbedingungen (psychische Belastung feststellen), z.B. mit Prüflisten.

• **Beurteilen:** entspricht einer Einschätzung, ob Handlungsbedarf zur Veränderung psychisch belastender Einflüsse besteht, Vergleich des ermittelten IST-Zustandes mit dem angestrebten SOLL-Zustand (mit Hilfe von Gestaltungsempfehlungen).

- **Festlegen:** Maßnahmen zur Gestaltung der Arbeitsbedingungen entwickeln und auswählen.
- **Durchführen:** die festgelegten Maßnahmen werden umgesetzt.
- **Überprüfen:** Nach der Durchführung wird überprüft, ob die durchgeführten Maßnahmen den gewünschten Erfolg zeigen.

2.17.10 Methoden der psychologischen Datengewinnung

Befragungs- und Beobachtungsmethoden haben jeweils Vor- und Nachteile. In der Praxis hat sich deshalb ein kombinierter Einsatz beider methodischer Zugänge bewährt.

Befragungsmethoden

Befragungen sind in der Psychologie die weitaus häufiger eingesetzte Datengewinnungsmethode. Befragungen sind universell, d.h. bei allen Gelegenheiten, für alle erdenklichen Zwecke und je nach Befragungsart nahezu voraussetzungslos einsetzbar.

Das Untersuchungsziel bestimmt, ob die Beschäftigten mündlich (Interview) oder schriftlich (Fragebogen) befragt werden. Interviews werden in der Regel am Anfang einer Untersuchung eingesetzt, um sich z.B. in einem bisher unbekannten Untersuchungsfeld zu orientieren.

Fragebögen erfreuen sich durch den geringeren Aufwand für die Entwicklung und Anwendung zunehmender Beliebtheit, obwohl sie bekannte Schwächen haben:

- Mehrdeutigkeit der Alltagssprache,
- Probleme bei der Umsetzung wissenschaftlicher Begriffe in die Alltagssprache,
- mangelnde Verbalisierbarkeit mancher Aspekte psychischer Regulationsvorgänge,
- Subjektivität der Ergebnisse (Widerspiegelung von Sachverhalten) durch die Betroffenen bezogen auf die vorgegebenen Merkmale von Experten,
- Einengung auf die von den Autoren gesehenen Kategorien.

Von einer Verwendung selbst erstellter Fragebögen und Skalen ist abzuraten, da nicht gewährleistet werden kann, dass damit psychische Belastungen überhaupt erfasst werden.

Alle Verfahren müssen als diagnostische Instrumente Mindestanforderungen hinsichtlich der Standardisierung, Messgenauigkeit (Reliabilität), Gültigkeit (Validität) und der Objektivität erfüllen.

Nur auf dieser Grundlage sind inner- und überbetriebliche Vergleiche sinnvoll und möglich. Ein Laie kann diese Voraussetzungen in der Regel nicht nachweisen. Die Durchführung von Befragungen und Untersuchungen setzt zudem Erfahrung im Umgang mit den Instrumenten voraus. Leicht schleichen sich sonst Fehler bei der Anwendung, Auswertung und Interpretation ein, die später nicht mehr korrigiert werden können.

Beobachtungsmethoden

Beobachtungen sind unentbehrlich für den psychologischen Erkenntnisgewinn. Bei der wissenschaftlichen Beobachtung handelt es sich um eine geplante, systematische und zielgerichtete Erfassung von Daten, die ein Höchstmaß an Informationsaufnahme erfordert. Es gibt verschiedene Beobachtungsformen. In den Analyseverfahren werden die Beobachtung oder das Beobachtungsinterview angewendet. Beim Beobachtungsinterview hinterfragt der Beobachter psychische Aspekte der Arbeit, die der Beobachtung nicht oder kaum zugänglich sind.

Probleme bei Beobachtungen bestehen darin, dass

- die regulativen Prozesse komplexer Arbeitstätigkeiten mit überwiegend geistigen Anforderungen kaum beobachtet werden können;

- seltene, aber für die Arbeitstätigkeit wichtige Ereignisse nicht erfasst werden können, weil sie im Beobachtungszeitraum nicht auftreten (z.B. Quartals- und Jahresabschlüsse);

- die Subjektivität der Beobachter/innen nie vollständig kontrolliert werden kann. Die emotionale und räumliche Distanz zu einem beobachteten Geschehen, z. B. bei der Auswertung von Videoaufzeichnungen, ist keine Garantie für eine objektive Beobachtung, da Beobachtungen Reduktionen und Selektionen von Daten durch die Beobachter/innen einschließen;

- Beobachtungen zeitaufwendig und arbeitsintensiv sind.

Die Ergebnisse von Beobachtungen bzw. Beobachtungsinterviews, die besonders bei den bedingungsbezogenen Expertenverfahren zur Datengewinnung zur Anwendung kommen, führen zur differenzierten, wissenschaftlich fundierten Diagnostik der Arbeitssituation. Im Gegensatz dazu können mit orientierenden Verfahren, die von betrieblichen Nutzern zur Erfassung psychischer Belastungen eingesetzt werden können, nur Schwachstellen identifiziert und grobe Sofortmaßnahmen zum Abbau psychischer Belastungen, die zur psychischen Über- und Unterforderung führen, eingeleitet werden. Bereits die Evaluierung diese Maßnahmen zieht den Einsatz von Screening- und/oder Expertenverfahren nach sich, was gleichzeitig die Einbeziehung von Experten (Arbeitspsychologen) bedeutet.

2.17.11 Arbeitskreis Gesundheit

Der Betrieb ist gut beraten, sich frühzeitig, d.h. bereits bei der Entscheidung zur Durchführung etwaiger Maßnahmen an den zuständigen Unfallversicherungsträger zu wenden. Neben sachdienlichen Informationen und Empfehlungen kann dieser ihn auch bei konkreten Maßnahmen unterstützen. Mitarbeiterbefragungen, Arbeitsplatzbeurteilungen oder Umorganisationen werden in der Regel durch Steuerungsgruppen vorbereitet und begleitet.

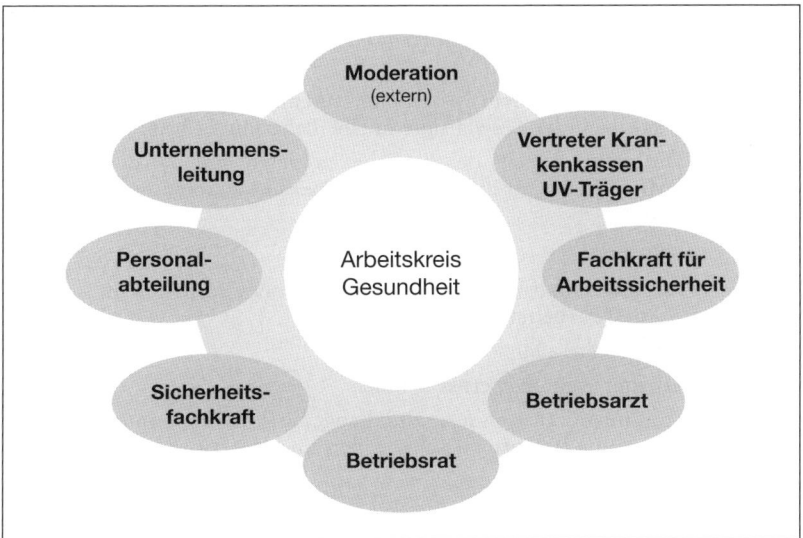

2.17.12 H – I – L – F – E Konzept

(Handlungsleitfaden, Stufenplan bei Verdacht psychischer Überbelastung)

Hinsehen:

- Verhaltensänderungen eines Mitarbeiters können psychische Ursachen haben.
- Das beobachtete Verhalten mit dem Betroffenen und dem Vorgesetzten in einem 4-Augen-Gespräch möglichst früh ansprechen.
- Der Vorgesetzte sollte in diesem Gespräch die Bereitschaft des Betriebes erkennen lassen, den Mitarbeiter bei seinen Problemen zu unterstützen und mit seinem Einverständnis Hilfe und ein konkretes Hilfsangebot anzubieten.
- Die Verhaltensänderungen an konkreten Beispielen beschreiben (keine Interpretationen oder Verallgemeinerungen benutzen).

Initiative ergreifen:

- Durch den Vorgesetzten, wenn sich keine Änderung der Situation abzeichnet.
- Den Betroffenen erneut auf seine Verhaltensänderungen ansprechen und mit ihm passende Lösungen für seine Situation erarbeiten, z.B.:
  - Unterstützung durch die Familie, Vertraute
  - Angehörige in die Lösungssuche mit einbeziehen
  - Unterstützung durch Kollegen oder Freunde im Betrieb
- Den Mitarbeiter motivieren, betriebsinterne Unterstützung anzunehmen.

Leitungsfunktion wahrnehmen:

- Durch den Vorgesetzten, wenn sich beim **längeren** Andauern der Krise keine Änderungen abzeichnen.
- Konkrete Arbeitsziele mit dem Mitarbeiter vereinbaren und klare Erwartungen aussprechen, dass sich der Beschäftigte in eine Behandlung begibt.
- Erneutes Hilfsangebot seitens des Betriebes anbieten und auf die Selbstverantwortung des Mitarbeiters für die Erhaltung seiner Gesundheit und seiner Arbeitskraft hinweisen.

Führungsverantwortung:

- Durch den Vorgesetzten, d.h., dass er ein angemessenes Verhalten im Umgang mit dem betroffenen Mitarbeiter findet:
  - Geduld, Verständnis, Fürsorge
  - den Mitarbeiter weiterhin ernst nehmen
  - an Leistungsanforderungen festhalten (angepasst an die momentane Krisensituation), d.h. die Balance zwischen Über- und Unterforderung halten

Experten:

als hilfreiche Unterstützung im Umgang mit Mitarbeitern in Krisensituationen, z.B.:

- Betriebsarzt
- Sozialberatung
- innerbetriebliche Helfer
- externe Hilfen [sozialpsychiatrische Dienste, Fachärzte, Beratungsstellen, Selbsthilfegruppen (die Gesundheitsbeauftragten der Selbsthilfe führen bundesweit Informations- und Schulungsveranstaltungen durch)]

2.18 Sicherheitsbeauftragte (SiBe)/Unfallvertrauenspersonen (UVP)

(DGUV Vorschrift 1, DGUV Regel 100-001)

Der Arbeitgeber hat in seinem Betrieb, abhängig von der Anzahl der Beschäftigten und des Gefährdungspotenzials sowie der Organisationsstruktur, eine ausreichende Anzahl von Sicherheitsbeauftragten zu bestellen. Die Bestellung sollte nach einer entsprechenden Ausbildung zum Sicherheitsbeauftragten schriftlich erfolgen. Die Mindestzahl der zu bestellenden Sicherheitsbeauftragten ist in den berufsgenossenschaftlichen Regeln der entsprechenden Gewerbezweige festgelegt.

Die Sicherheitsbeauftragten haben den Arbeitgeber bei der Durchführung der Maßnahmen zur Verhütung von Arbeitsunfällen, Berufskrankheiten und arbeitsbedingten Gesundheitsgefahren zu unterstützen, insbesondere sich von dem Vorhandensein und der ordnungsgemäßen Benutzung der vorgeschriebenen Schutzeinrichtungen und persönlichen Schutzausrüstungen zu überzeugen und auf Unfall- und Gesundheitsgefahren für die Beschäftigten aufmerksam zu machen.

Sicherheitsbeauftragte sollen mit Fachkräften für Arbeitssicherheit und den Betriebsärzten zusammenarbeiten. Sicherheitsbeauftragte üben ihre Aufgabe im Betrieb nicht hauptamtlich, sondern ehrenamtlich neben ihrer eigentlichen Aufgabe aus. Entgegen den anderen Beauftragten im Betrieb, z.b. Strahlenschutzbeauftragte, Umweltschutzbeauftragte, haben Sicherheitsbeauftragte keine Verantwortung für die ihnen übertragenen Aufgaben hinsichtlich dieser Funktion. Sie unterstützen die im Betrieb für den Arbeitsschutz verantwortlichen Personen. Daraus ergibt sich, dass Personen mit Führungsverantwortung, z.b. Meister, Vorarbeiter, Gruppenleiter, nicht zu Sicherheitsbeauftragten bestellt werden sollten.

Der Arbeitgeber hat dem Sicherheitsbeauftragten für seine Tätigkeit, abhängig von den betrieblichen Verhältnissen, ausreichend Zeit zur Verfügung zu stellen, seine ihm übertragenen Aufgaben während der Arbeitszeit zu erfüllen (Betriebsbegehung). Dabei sollten die Sicherheitsbeauftragten zur Erfüllung ihrer Aufgabe nur einen für sie überschaubaren Betriebsbereich zugewiesen bekommen.

Die Sicherheitsbeauftragten dürfen wegen der Erfüllung der ihnen übertragenen Aufgaben nicht benachteiligt werden. Die Sicherheitsbeauftragten sind, zur Erfüllung ihrer Aufgaben, in regelmäßigen Abständen weiter-/fortzubilden. Die Sicherheitsbeauftragten nehmen an den in der Regel vierteljährlich durchzuführenden Arbeitsschutzausschusssitzungen (ASA) teil.

2.19 Optische Strahlung (künstlich, inkohärent)

(TROS-IOS, OStrV, DGUV I 203-035)

Unter inkohärenter optischer Strahlung versteht man das ungerichtete, zusammenhanglose Abstrahlen von Energie aus Strahlungsquellen, die im Unterschied zu Laserstrahlung ohne feste Phasenbeziehung der elektromagnetischen Wellen ist. Das Spektrum der optischen Strahlung wird unterteilt in ultraviolette (UV-)Strahlung, sichtbare (**VIS**) Strahlung und infrarote (**IR-**) Strahlung. **Solche Strahlungsquellen** sind z.B. Glühlampen, Leuchtstofflampen, LED, Gasstrahler, Metall- und Glasschmelzen, UV-Härtung von Lacken oder Farben, Schweißlichtbögen (Elektro-/Gasschweißen).

Als Strahlungsquellen, die **kein Gefährdungspotenzial** aufweisen, gelten z.B. handelsübliche Deckenleuchten, Allgemeinbeleuchtung in Arbeitsstätten, Computer- oder andere Bildschirme, Anzeigelampen oder Kontrollleuchten.

Abhängig von der Stärke, Abstand, Häufigkeit und der Einwirkzeitdauer (Exposition) dieser Strahlung auf den **ungeschützten** menschlichen Körper bestehen besonders für die **Augen und die Haut** erhebliche gesundheitliche Gefährdungen (z.B. Blendung, Erblindung, „Sonnenbrand", Hautkrebs). **Davon betroffen** sind auch Personen, die **nicht unmittelbar** dieser Strahlung ausgesetzt sind, sondern sich auch in der Nähe von starken Strahlungsquellen (z.B. Schweißarbeitsplätzen, Schmelzöfen, Projektions- geräten) aufhalten.

In diesen Bereichen sind die vorgeschriebenen Sicherheitsabstände zu beachten. Der Zutritt für Unbefugte ist verboten!

Die Lagerung und Erzeugung von leicht entzündlichen Stoffen und explosionsfähigen Gemischen ist an Arbeitsplätzen mit starken optischen Strahlungsquellen zu vermeiden.

Expositionsgrenzwerte beachten!

Eine mögliche oder tatsächliche Gefährdung ist **nicht** gegeben, wenn die **Expositionsgrenzwerte nicht** überschritten werden können und auch **keine** Gefährdungen durch **indirekte** Auswirkungen (z.B. Reflexionen) gegeben sind.

Indirekte Gefährdungen entstehen durch:

- vorübergehende Blendung,
- Sekundärstrahlung,
- Brand- und Explosionsgefahr
- bei der Materialbearbeitung entstehende Gefahrstoffe

und müssen gesondert beachtet werden!

Die Verwendung körperbedeckender Arbeits-, Berufs- oder Dienstkleidung bietet den Beschäftigten einen Schutz vor den Gefährdungen durch inkohärente optische Strahlung am Arbeitsplatz, wenn sie ausreichend optisch dicht ist. **Auf persönliche Schutzausrüstung (PSA) kann dann verzichtet werden.**

Substitutionsprüfungen und arbeitsmedizinische Vorsorge beachten!

Gesundheitlich gefährdeten Mitarbeitern sollte vor Übertragung/Aufnahme von Tätigkeiten mit optischer Strahlung eine **arbeitsmedizinische Beratung** angeboten werden.

Achtung!

Die ermittelten Ergebnisse aus Beurteilung, Messungen und Berechnungen zur Gefährdungsbeurteilung von künstlicher UV-Strahlung sind in einer Form aufzubewahren, die eine spätere Einsichtnahme ermöglicht. **Die Aufbewahrungsfrist** für diese Dokumente **beträgt 30 Jahre.**

2.19.1 Beispiele für die Notwendigkeit von Expositionsmessungen und die Anwendung von Schutzmaßnahmen bei verschiedenen Tätigkeiten

Vorbemerkung: Die Tabelle gibt beispielhaft für verschiedene Tätigkeiten und Arbeitsplätze auf Grund der derzeitigen Erkenntnisse an, ob und unter welchen Voraussetzungen Messungen in der Regel notwendig, eventuell notwendig oder nicht notwendig sind. Falls bezüglich der Auswahl der zu treffenden Schutzmaßnahmen und der Risiken Zweifel bestehen, gibt eine Messung Klarheit über die Exposition.

Tätigkeit/Expositionsbedingungen	Expositionsmessungen			Kommentar	Schutzmaßnahmen
	nötig	evtl. nötig	nicht nötig		
Elektroschweißen: Schweißer, Bystander			X	Die UV-Strahlungsexposition ist beim Elektroschweißen so hoch, dass nach kürzester Zeit die Expositionsgrenzwerte überschritten werden. Mit Augen- und Hautschäden ist zu rechnen. Schutzmaßnahmen sind zwingend notwendig.	Schweißmaschinen müssen in der Regel gekapselt sein. Verwendung persönlicher Schutzausrüstung ist notwendig
Elektroschweißen: Personen in der Umgebung von Schweißarbeitsplätzen		X		Je nach Abstand und Aufenthaltsdauer vom Elektroschweißen können ohne Schutzvorrichtungen die Expositionsgrenzwerte überschritten werden. Messungen sind nicht erforderlich, wenn die nebenstehenden Schutzmaßnahmen nach Kapitel 2.26 der DGUV Regel 100-500 getroffen werden.	Schweißarbeitsplatz durch Vorhänge oder Stellwände zu anderen Arbeitsplätzen abschirmen

Tätigkeit/Expositionsbedingungen	Expositionsmessungen			Kommentar	Schutzmaßnahmen
	nötig	evtl. nötig	nicht nötig		
Fluxarbeitsplätze (Magnetfeld-Riss-Prüfung)		X		An Fluxarbeitsplätzen können das Gesicht und die Hände und Arme der UV-Strahlung ausgesetzt sein. Welche Körperteile exponiert sind, hängt von der geometrischen Anordnung der Strahlungsquelle (Höhe der UV-Lampe über dem Gesichtsniveau) und von den angewendeten Schutzmaßnahmen ab. Bietet die Arbeitskleidung keinen ausreichenden Schutz, ist PSA zu nutzen. Liegen Bereiche des Körpers und der Haut ungeschützt im Strahlungsbereich, dann sind Messungen nötig. Sind alle Körperteile im Strahlungsbereich geschützt, dann kann auf Messungen verzichtet werden. Dies gilt allerdings nur, wenn auch an Werkstücken und Begrenzungen reflektierte Strahlung nicht auf ungeschützte Körperteile einwirken kann.	Anordnung des Strahlungsaustritts fest installierter UV-Lampen unterhalb der Augenhöhe. Anbringung einer Schutzscheibe zwischen UV-Lampe und Gesicht. Bietet die Arbeitskleidung keinen ausreichenden Schutz, ist PSA zu nutzen.

Tätigkeit/Expositionsbedingungen	Expositionsmessungen			Kommentar	Schutzmaßnahmen
	nötig	evtl. nötig	nicht nötig		
Verarbeitung von UV härtenden Kleb- und Kunststoffen z.B. in der Dentaltechnik		X		Bei der Verarbeitung UV-härtender Kleb- und Kunststoffe können das Gesicht und die Hände und Unterarme der UV-Strahlung ausgesetzt sein. Welche Körperteile exponiert sind, hängt von der Art der Verarbeitung und von den angewendeten Schutzmaßnahmen ab. Bietet die Arbeitskleidung keinen ausreichenden Schutz, ist PSA zu nutzen. Die Angaben des Herstellers sind zu beachten. Auf die Messung kann jedoch verzichtet werden, wenn der Hersteller ausreichende Angaben zur Emission macht und alle Körperteile im Strahlungsbereich geschützt sind (z.B. bei Durchführung der UV-Bestrahlung in einem allseitig geschlossenen Gehäuse).	Ausschließliche Verwendung von UV-Lampen, deren Strahlungsspektrum auf den verwendeten Kleb- und Kunststoff abgestimmt ist. Die verwendete UV-Lampe darf nur UV-Strahlung der Wellenlängen emittieren, die für den Härteprozess notwendig sind. Eine an der Strahlenaustrittsöffnung der UV-Lampe eventuell vorhandene Filterscheibe darf nicht entfernt oder durch eine Scheibe mit anderen Transmissions-Eigenschaften ersetzt werden.

Tätigkeit/Expositionsbedingungen	Expositionsmessungen			Kommentar	Schutzmaßnahmen
	nötig	evtl. nötig	nicht nötig		
					Bei der Verwendung von UV-Handlampen ist während der Vorbereitung des Aushärtungsvorgangs die eingeschaltete UV-Lampe so abzulegen, dass niemand der Strahlung ausgesetzt wird.
					Die zu verklebenden Teile sind mittels einer geeigneten Vorrichtung so zu fixieren, dass während der Bestrahlung der Klebstelle nicht mit der Hand in den Strahlungsbereich gefasst werden muss.
					Bietet die Arbeitskleidung keinen ausreichenden Schutz, ist PSA nutzen.

Tätigkeit/Expositionsbedingungen	Expositionsmessungen			Kommentar	Schutzmaßnahmen
	nötig	evtl. nötig	nicht nötig		
UV-Trocknung von Farben, Lacken und anderen Beschichtungen z.B. Druckmaschinen	X			Die bei der UV-Trocknung verwendeten Einrichtungen sind durch entsprechende Kapselung oder durch die Verwendung von Abschirmungen häufig so ausgestattet, dass nur eine geringe oder keine Strahlungsexposition zu erwarten ist. Sind ausreichende Angaben des Herstellers zur Strahlungsemission vorhanden, so kann auf eine Messung verzichtet werden. Bei unvollständiger oder fehlender Abschirmung sind hohe UV Strahlungsexpositionen möglich. Insbesondere beim Nachfüllen von Farbe oder bei Wartungsarbeiten werden häufig Tätigkeiten in Nähe der nicht abgeschirmten UV-Strahlungsquelle durchgeführt. Messungen sind dann notwendig.	Vollständige Abschirmung aller Strahlungsaustrittsöffnungen Automatische Unterbrechung des Strahlungsaustritts beim Öffnen des abschirmenden Gehäuses der Anlage Bietet die Arbeitskleidung keinen ausreichenden Schutz, ist PSA zu nutzen. UV-Schutzbrille (z.B. wenn Tätigkeiten in der Nähe der eingeschalteten, nicht vollständig abgeschirmten Strahlungsquelle notwendig sind)

Tätigkeit/Expositi- onsbedingungen	Expositionsmessungen			Kommentar	Schutzmaßnahmen
	nötig	evtl. nötig	nicht nötig		
Sichtbarmachung von Markierungen mittels UV-Strahlern		X		Sind ausreichende Angaben des Herstellers zur Strahlungsemission vorhanden, so kann auf eine Messung verzichtet werden. Bei Arbeiten an UV-Strahlern bis 8 W, an denen nicht ständig gearbeitet wird, werden die Expositionsgrenzwerte für Haut und Auge unterschritten (Geldscheinprüfung). Bei Arbeiten mit UV Strahlern mit höherer Leistung können die Expositionsgrenzwerte überschritten werden.	Bei Arbeiten mit UV-Strahlung kann die Verwendung von persönlichen Schutzausrüstungen notwendig sein. Dies gilt insbesondere, wenn über einen längeren Zeitraum die mit UV Strahlung bestrahlte Markierung beobachtet und zusätzlich Tätigkeiten im Strahlungsbereich vorgenommen werden müssen.
Diaprojektor, Beamer oder ähnliche Geräte			X	Die Expositionsgrenzwerte LR, LB für die Augen werden nach kurzer Zeit (Sekundenbereich) überschritten. Ein längeres Hineinschauen in den direkten Strahl wird jedoch wegen der hohen Leuchtdichte (Blendung) von jedem Benutzer vermieden.	Schutzmaßnahmen werden nur dann notwendig, wenn ein absichtliches Hineinschauen für die Arbeit notwendig ist (in der Regel sind Schweißerschutzbrillen – Schutzstufe 4 und höher – geeignete PSA).

Tätigkeit/Expositi-onsbedingungen	Expositionsmessungen			Kommentar	Schutzmaßnahmen
	nötig	evtl. nötig	nicht nötig		
Bearbeitung von Glas und sonstige Tätigkeiten an Glas-Schmelzöfen z.B. Glasbläser		X		Bei der Glasherstellung und -bearbeitung ist vorwiegend eine Exposition der Augen durch IR Strahlung gegeben. Daneben ist aber auch eine Exposition durch sichtbare oder UV-Strahlung möglich. Als Strahlungsquelle kommen dabei das glühende/geschmolzene Glas oder auch eventuell vorhandene Gasflammen in Betracht. Die Höhe der Exposition ist u. a. von der Temperatur der Strahlungsquelle abhängig. Zuverlässige Informationen zur Strahlungsexposition lassen sich nur durch eine Messung ermitteln. Hinweis: Sofern eine geeignete Schutzbrille getragen wird, sind Messungen nicht notwendig.	Verwendung fest installierter Abschirmungen (z.B. Metallplatten, IR-Schutzglas, ggf. auch Scheiben zum Schutz vor UV-Strahlung) Verwendung persönlicher Schutzausrüstungen (insbesondere IR-Schutzbrillen)

Tätigkeit/Expositionsbedingungen	Expositionsmessungen			Kommentar	Schutzmaßnahmen
	nötig	evtl. nötig	nicht nötig		
Bühnen-Scheinwerfer in Veranstaltungs- und Produktionsstätten für szenische Darstellung		X		In Bühnenscheinwerfern kommen Lampen zum Einsatz, die neben sichtbarer Strahlung auch eine intensive UV-Strahlung emittieren können. Wird der Scheinwerfer mit entfernter, beschädigter oder einer falschen Filterscheibe betrieben, dann sind bei einem Aufenthalt im Strahlungsbereich hohe UV-Expositionen möglich. Hierbei sind Summationseffekte beim Einsatz von mehreren Scheinwerfern zu beachten.	Betrieb des Scheinwerfers nur zusammen mit der Original-Filterscheibe Weitere Schutzmaßnahmen werden notwendig, wenn ein absichtliches Hineinschauen in den ungefilterten Scheinwerfer für die Arbeit notwendig ist (in der Regel sind Schweißerschutzbrillen – Schutzstufe 4 und höher – geeignete PSA), z.B. bei Reparaturarbeiten.
Anwendungen von Entkeimungsanlagen (offene Anwendung) z.B. in Krankenhäusern, Abfallbehandlungsanlagen, Laboratorien, zoologische Einrichtungen		X		Zur Entkeimung wird üblicherweise UV-C-Strahlung verwendet, die zu einer hohen Strahlungsexposition führen kann. In vielen Fällen wird die Entkeimung durchgeführt, wenn sich keine Personen im Strahlungsbereich aufhalten. Messungen sind dann nicht notwendig. Sind ausreichende Angaben des Herstellers zur Strahlungsemission vorhanden, so kann auf eine Messung verzichtet werden.	Die Strahlungsaustrittsöffnungen der UV-Strahler sind so anzuordnen, dass die Beschäftigten nicht der UV-Strahlung ausgesetzt sind. Die Exposition on durch Streustrahlung ist so gering wie möglich zu halten. Bietet die Arbeitskleidung keinen ausreichenden Schutz, ist PSA zu nutzen.

Tätigkeit/Expositionsbedingungen	Expositionsmessungen			Kommentar	Schutzmaßnahmen
	nötig	evtl. nötig	nicht nötig		
Anwendung von IR-Strahlern zur Trocknung		X		Sind ausreichende Angaben des Herstellers zur Strahlungsemission vorhanden, so kann auf eine Messung verzichtet werden.	Abschirmung der Strahler. Verwendung persönlicher Schutzausrüstungen, z.B. bei Wartungsarbeiten
Arbeiten an Metallschmelzen (kein Hochofen)	X			Bei Arbeiten an Metallschmelzen ist eine Überschreitung der Expositionsgrenzwerte möglich.	Verwendung fest installierter Abschirmungen (z.B. Metallplatten, IR-Schutzglas). Verwendung persönlicher Schutzausrüstungen (insbesondere IR-Schutzbrillen)
Arbeiten an Hochöfen			X	Bei Arbeiten an Hochöfen werden die Expositionsgrenzwerte auf jeden Fall überschritten. Mit Schädigung der Augen und der Haut ist zu rechnen.	Verwendung persönlicher Schutzausrüstungen (Diese Schutzmaßnahme ist in jedem Fall notwendig.)
Medizinische Anwendungen von UV-Strahlungstherapiegeräten z.B. Solarien, IR-Strahler		X		Bei der Bestrahlung von Patienten kann das medizinische Personal, das die Bestrahlung durchführt, ebenfalls der Strahlung ausgesetzt sein. Sind ausreichende Angaben des Herstellers zur Strahlungsemission vorhanden, so kann auf eine Messung verzichtet werden.	Aufenthalt des medizinischen Personals während der Bestrahlung in einem abgeschirmten Bereich.

Inkohärente optische Strahlung (IOS)
(Gefährdungsbeurteilung)
(Mustervorlage)

Arbeitsplatz/-bereich: _____ **Stand:** _____

Gefährdungstätigkeit/-verfahren:

Strahlungsquelle	Strahlungsabstand (zum Beschäftigten)	Expositionsdauer (Einwirkzeitdauer)	Strahlungsemission (Emissionsdaten)	Expositionsgrenzwert (EGW)	Weitere Gefährdungen
z.B. Elektro- und Gasschweißen Schmiede Schmelzen (Hitzearbeitsplätze)			z.B. Bedienungsanleitung Herstellerangaben veröffentlichte Mess- ergebnisse Messungen Berechnungen		z.B. Brand-/Explosionsgefahren Blendung Sekundärstrahlung Reflexionen Entstehung von Gefahrstoffen während der Materialbearbeitung

- Substitutionsprüfung: _____

- Arbeitsmedizinische Vorsorge: _____

- Wirksamkeitsüberprüfung: _____

Datum, Beurteiler:
Der Arbeitgeber hat die ermittelten Ergebnisse aus Beurteilung, Messungen und Berechnungen zur **Gefährdungsbeurteilung** von künstlicher UV-Strahlung in einer Form aufzubewahren, die eine spätere Einsichtnahme ermöglicht.
Die Aufbewahrungsfrist für diese Dokumente beträgt 30 Jahre.

Schutzmaßnahmen

zu den Gefährdungen durch Inkohärente optische Strahlung (IOS)

- **Technische Maßnahmen:**

- **Organisatorische Maßnahmen:**

- **Persönliche Schutzausrüstung:**

Bemerkungen:

2.20 Vibrationen

(LärmVibrationsArbSchV §3, §10(4), MRL Anhang 1 Pkt. 1.5.9)

Vibrationsverzeichnis und Vibrationsminderungsprogramm

Bei der Beurteilung der Arbeitsbedingungen nach §5 des Arbeitsschutzgesetzes hat der Arbeitgeber zunächst festzustellen, ob die Beschäftigten Vibrationen ausgesetzt sind oder ausgesetzt sein könnten. Ist dies der Fall, hat er alle hiervon ausgehenden Gefährdungen für die Gesundheit und Sicherheit der Beschäftigten zu beurteilen. Dazu hat er die auftretenden Expositionen am Arbeitsplatz zu ermitteln und zu bewerten.

Der Arbeitgeber kann sich die notwendigen Informationen beim Hersteller oder Inverkehrbringer von Arbeitsmitteln oder bei anderen ohne weiteres zugänglichen Quellen beschaffen. Lässt sich die Einhaltung der Auslöse- und Expositionsgrenzwerte nicht sicher ermitteln, hat er den Umfang der Exposition durch Messungen festzustellen. Entsprechend dem Ergebnis der Gefährdungsbeurteilung hat der Arbeitgeber Schutzmaßnahmen nach dem Stand der Technik festzulegen.

Bei der Beurteilung der Vibrationsgefährdungen sind besonders zu beachten:

- Art, Ausmaß und Dauer der Exposition durch Vibrationen (Vibrationsverzeichnis), einschließlich besonderer Arbeitsbedingungen, wie zum Beispiel Tätigkeiten bei niedrigen Temperaturen
- Die Expositionsgrenzwerte und Auslösewerte: Für Hand-Arm-Vibrationen beträgt der Expositionsgrenzwert A(8) = 5 m/s² und der Auslösewert A(8) = 2,5 m/s². Für Ganzkörper-Vibrationen beträgt der Expositionsgrenzwert A(8) = 1,15 m/s² in X- und Y-Richtung und A(8) = 0,8 m/s² in Z-Richtung und der Auslösewert A(8) = 0,5 m/s².
- Wird einer der Expositionsgrenzwerte überschritten, ist ein Programm mit technischen und organisatorischen Maßnahmen zur Verringerung der Vibrationsexposition auszuarbeiten und durchzuführen (Vibrationsminderungsprogramm). Technische Maßnahmen haben dabei Vorrang vor organisatorischen Maßnahmen.
- Die Verfügbarkeit und die Möglichkeit des Einsatzes alternativer Arbeitsmittel und Ausrüstungen, die zu einer geringeren Exposition der Beschäftigten führen (Substitutionsprüfung)
- Erkenntnisse aus der arbeitsmedizinischen Vorsorge sowie allgemein zugängliche, veröffentlichte Informationen hierzu
- Die zeitliche Ausdehnung der beruflichen Exposition über eine Achtstundenschicht hinaus
- Auswirkungen auf die Gesundheit und Sicherheit von Beschäftigten, die besonders gefährdeten Gruppen angehören
- Herstellerangaben zu Vibrationsemissionen

Der Arbeitgeber hat, wenn die oberen Auslösewerte für Lärm/Vibrationen überschritten werden, ein Programm mit technischen und organisatorischen Maßnahmen zur Verringerung der Lärm-/Vibrationsexposition auszuarbeiten und durchzuführen. Dabei haben technische Maßnahmen Vorrang vor organisatorischen Maßnahmen.

2.20.1 Maßnahmen zur Vermeidung und Verringerung der Vibrationsexposition

Der Arbeitgeber hat die festgelegten Schutzmaßnahmen nach dem Stand der Technik durchzuführen, um die Gefährdung der Beschäftigten auszuschließen oder so weit wie möglich zu verringern. Dabei müssen Vibrationen am Entstehungsort verhindert oder so weit wie möglich verringert werden. Technische Maßnahmen zur Minderung von Vibrationen haben Vorrang vor organisatorischen Maßnahmen.

Zu den Maßnahmen gehören insbesondere:

1. alternative Arbeitsverfahren, welche die Exposition gegenüber Vibrationen verringern,
2. Auswahl und Einsatz neuer oder bereits vorhandener Arbeitsmittel, die nach ergonomischen Gesichtspunkten ausgelegt sind und unter Berücksichtigung der auszuführenden Tätigkeit möglichst geringe Vibrationen verursachen, beispielsweise schwingungsgedämpfte handgehaltene oder handgeführte Arbeitsmaschinen, welche die auf den Hand-Arm-Bereich übertragene Vibration verringern,

Vibrationsminderungsprogramm
(Mustervorlage)

Stand: _____

Arbeitsbereich: _____

Vibrationsbelastungen			Vibrationsminderungsmaßnahmen		
Maschine Typ Modell	Schwin-gungs-wert (m/s²)	Hauptvibra-tionsquelle	Vibrations-ursachen	getroffene Maßnah-men	erreichter Schwin-gungs-wert (m/s²)

Datum, Beurteiler: _____

3. die Bereitstellung von Zusatzausrüstungen, welche die Gesundheitsgefährdung auf Grund von Vibrationen verringern, beispielsweise Sitze, die Ganzkörper-Vibrationen wirkungsvoll dämpfen,

4. Wartungsprogramme für Arbeitsmittel, Arbeitsplätze und Anlagen sowie Fahrbahnen,

5. die Gestaltung und Einrichtung der Arbeitsstätten und Arbeitsplätze,

6. die Schulung der Beschäftigten im bestimmungsgemäßen Einsatz und in der sicheren und vibrationsarmen Bedienung von Arbeitsmitteln,

7. die Begrenzung der Dauer und Intensität der Exposition,

8. Arbeitszeitpläne mit ausreichenden Zeiten ohne belastende Exposition,

9. die Bereitstellung von Kleidung für gefährdete Beschäftigte zum Schutz vor Kälte und Nässe.

Der Arbeitgeber hat, insbesondere durch die Maßnahmen, dafür Sorge zu tragen, dass bei der Exposition der Beschäftigten die Expositionsgrenzwerte nicht überschritten werden. Werden die Expositionsgrenzwerte trotz der durchgeführten Maßnahmen überschritten, hat der Arbeitgeber unverzüglich die Gründe zu ermitteln und weitere Maßnahmen zu ergreifen, um die Exposition auf einen Wert unterhalb der Expositionsgrenzwerte zu senken und ein erneutes Überschreiten der Grenzwerte zu verhindern.

Anmerkung: Die mit der Exposition durch Lärm oder Vibrationen verbundenen Gefährdungen sind unabhängig voneinander zu beurteilen und in der Gefährdungsbeurteilung zusammenzuführen. Mögliche Wechsel- oder Kombinationswirkungen sind bei der Gefährdungsbeurteilung zu berücksichtigen.

2.20.2 Vibrationen am Arbeitsplatz

Durch Vibrationen (Schwingungen), über einen längeren Zeitraum, können Muskel- und Skeletterkrankungen sowie Durchblutungsstörungen der Finger und Hände verursacht werden. Als gefährdend sind solche Arbeitsplätze einzuschätzen, an denen Beschäftigte langjährigen Vibrationseinwirkungen ausgesetzt sind.

- Hand-Arm-Vibrationen, z.B. bei Arbeiten mit Schleifmaschinen, Bohrhämmern, Rüttelplatten.

- Ganzkörper-Schwingungen, z.B. bei langjährigen Tätigkeiten als Berufskraftfahrer auf Baustellen-LKW, auf Gradern, Radladern, Gabelstaplern auf unebenem Gelände.

Maßgeblich für die Beurteilung der Vibrationsbelastung ist die Berechnung des auf einen Bezugszeitraum von acht Stunden normierten Tagesexpositionswertes A(8). Für die Gefährdungsbeurteilung ist nur die tägliche Einwirkdauer heranzuziehen. Die Einwirkdauer ist die Dauer, während der die Hand mit der zu Schwingungen angeregten Fläche in Kontakt ist (z.B. Handgriff, Werkstück usw.).

Die Auslösewerte und Expositionsgrenzwerte sind für:

- Hand-Arm-Vibrationen:
  Auslösewert A(8) = 2,5m/s^2
  Expositionsgrenzwert A(8) = 5m/s^2

- Ganzkörper – Schwingungen
  Auslösewert A(8) = 0,5m/s²
  Expositionsgrenzwert A(8) = 1,15m/s²

Bei einer Tagesschwingungsbelastung:

- < 2,5m/s² (0,5m/s²) Auslösewert nicht überschritten => keine Maßnahmen

- 2,5 – 5m/s² (0,5 – 1,15m/s²) Auslösewert überschritten => Maßnahmen erforderlich

- > 5m/s² (1,15m/s²) Expositionsgrenzwert überschritten, Verwendung des Gerätes, Maschine nur zulässig, wenn die Expositionszeit verringert wird und weitere Vorsorgemaßnahmen ergriffen werden.

In Abhängigkeit von den Auslösewerten/ Expositionsgrenzwerten schreibt die EG-Richtlinie „Vibration" vor:

- Sachgerechte Ermittlung und Bewertung der Risiken

- Durchführung technischer und organisatorischer Maßnahmen

- Vibrationsminderungsprogramm mit Maßnahmen erstellen

- Unterrichtung und Unterweisung der Beschäftigten

- Gesundheitsüberwachung (arbeitsmed. Vorsorgeuntersuchung)

- Bereitstellen von Zusatzausrüstungen (z.B. Griffe, welche die auf den Hand-Arm-Bereich übertragene Vibrationen verringern) und persönliche Schutzausrüstungen, z.B. besondere Antivibrationshandschuhe mit CE-Prüfung.

Zeitansätze bis zum Erreichen des Auslösewertes bei Ganzkörper-Vibrationen und Hand-/ Arm-Vibrationen:

tägliche Expositionsdauer (h)	Tagesexpositionswert A(8) (m/s²)	
	Ganzkörper-Vibrationen (tägl. Auslösewert: 0,5m/s²)	**Hand-Arm-Vibrationen** (tägl. Auslösewert: 2,5m/s²)
1	1,4	7,1
2	1,0	5,0
3	0,8	4,1
4	0,7	3,5
5	0,6	3,2
6	0,6	2,9
7	0,5	2,7
8	0,5	2,5

Vibrationsverzeichnis
(Mustervorlage)

Stand: _____

Hand-Arm-Vibrationsbelastungen durch handgeführte/handgehaltene Maschinen/Geräte

Maschine/ Gerät	Schwingungs- wert [m/s²]	Zeit bis Auslösewert A(8) = 2,5 m/s²	Zeit bis Expositions- grenzwert A(8) = 5 m/s²	besondere Arbeitsbedin- gungen

Hinweis: Zur Bestimmung der Zeiten bis zum Erreichen der gesetzlich vorgeschriebe- nen Auslösewerte gibt es **spezielle Kennwertrechner** für Teilkörperschwin- gungen (Hand-Arm-Vibrationen) und Ganzkörperschwingungen. **Alternativ** gibt es **Punktetabellen** (z.B. beim Landesamt für Arbeitsschutz, Potsdam) zur Bestimmung der Tages-Vibrationsexposition oder auch **Dia- gramme,** aus denen zum Schwingungswert die entsprechenden Zeiten bis zum Erreichen der Auslösewerte abgelesen werden können.

Datum, Beurteiler: _____

Gefährdungsbeurteilung für Hand-Arm-Vibrationen

(Mustervorlage)

Stand: _____

Arbeitsbereich/-platz: _____

Artikel Hersteller	Typ Modell	Vibrationsbelastungen (Maschinen, Geräte)				Getroffene Maßnahmen		
		Schwingungswert (m/s²) (Punkte*)	max. Einwirkdauer A(8) in Min. bis AW	max. Einwirkdauer A(8) in Min. bis EW	mittlere (tatsächliche) Einwirkdauer A(8) in Min.	geeignete Schutzmaßnahme PSA	Vorsorgeuntersuchung G46	
							Angebot	Pflicht
gemittelte Gesamtvibrationsbelastung*								

*Hinweis: Vibrationsbelastungen bei Arbeiten mit (unterschiedlichen) Maschinen werden mit **speziellen Kennwertrechnern** für Teilkörperschwingungen berechnet oder nach einem **Punktesystem** (z.B. vom Landesamt für Arbeitsschutz, Potsdam) in der dazugehörigen Tabelle zur Bestimmung der Auslösegrenzwerte addiert. Die Auslösegrenzwerte bei Teilkörpervibrationen addiert.

Datum, Beurteiler:

Hinweis: AW Auslösewert A(8) = 2,5m/s² (**unterschritten, keine** Maßnahmen erforderlich); **AW < = > EW** Auslösewert A(8) = 2,5m/s² – 5m/s² (Maßnahmen treffen, **Vorsorgeuntersuchung anbieten**); **EW** Expositionsgrenzwert A(8) = 5m/s² (**überschritten, Vorsorgeuntersuchung Pflicht**, Einwirkdauer reduzieren, so dass **EW < 5m/s; A(8)** bezogen auf einen 8 Stunden Arbeitstag

Vorschriften – Glossar

ArbMedVV	Arbeitsmedizinische Vorsorgeverordnung
ArbSchG	Arbeitsschutzgesetz
ArbStättV	Arbeitsstättenverordnung
ASR	Technische Regel für Arbeitsstätten
BetrSichV	Betriebssicherheitsverordnung
BGB	Bürgerliches Gesetzbuch
BGG	Berufsgenossenschaftliche Grundsätze
BGI	Berufsgenossenschaftliche Informationen
BGR	Berufsgenossenschaftliche Regeln
BGV	Berufsgenossenschaftliche Vorschriften
BildscharbV	Bildschirmarbeitsverordnung
BioStoffV	Biostoffverordnung
GefStoffV	Gefahrstoffverordnung
LasthandhabV	Lastenhandhabungsverordnung
LärmVibrationsArbSchV	Lärm- und Vibrations-Arbeitsschutzverordnung
MRL	Maschinenrichtlinie
OwiG	Ordnungswidrigkeitengesetz
PSA-BV	Persönliche Schutzausrüstung - Benutzungsverordnung
TRBA	Technische Regel Biologische Arbeitsstoffe
TRBS	Technische Regel Betriebssicherheit
TRGS	Technische Regel Gefahrstoffe

Stichwortverzeichnis